自贸试验区背景下关税政策的选择

张 奇 著

科学出版社

北 京

内 容 简 介

本书围绕“自贸试验区背景下关税政策的选择”这一主题展开研究，主要内容包括自贸试验区背景下关税政策概述、中国当前经济环境下关税政策研究和我国及国外自贸试验区关税政策创新制度研究，书中政策分析与操作建议相结合，对我国自贸试验区的发展与制度创新有一定的指导作用。

本书可作为国家关税政策方面的研究人员或相关学者的参考用书。

图书在版编目（CIP）数据

自贸试验区背景下关税政策的选择/张奇著. —北京：科学出版社，2018.1

ISBN 978-7-03-051067-9

Ⅰ. ①自…　Ⅱ. ①张…　Ⅲ. ①自由贸易区-关税政策-研究-中国　Ⅳ. ①F752.50

中国版本图书馆 CIP 数据核字（2016）第 309592 号

责任编辑：沈力匀 / 责任校对：马英菊

责任印制：吕春珉 / 封面设计：耕者设计工作室

科学出版社 出版

北京东黄城根北街 16 号

邮政编码：100717

http://www.sciencep.com

三河市骏杰印刷有限公司 印刷

科学出版社发行　各地新华书店经销

*

2018 年 1 月第 一 版　开本：787×1092 1/16

2018 年 1 月第一次印刷　印张：6 3/4

字数：210 000

定价：35.00 元

（如有印装质量问题，我社负责调换〈骏杰〉）

销售部电话 010-62136230　编辑部电话 010-62135235

自贸试验区要为国家自由贸易区战略谋子谋势
（代序）

2015 年 3 月 24 日召开的中共中央政治局会议指出，上海自贸试验区运行一年多以来，取得了积极进展，积累了可复制、可推广的经验。广东、天津、福建三地自贸试验区和扩展区域后的上海自贸试验区要当好改革开放排头兵、创新发展先行者，继续以制度创新为核心，贯彻“一带一路”建设倡仪及京津冀协同发展、长江经济带发展等国家战略，在构建开放型经济新体制；探索区域经济合作新模式；建设法治化营商环境等方面的同时，率先挖掘改革潜力，破解改革难题。

我国的自贸试验区战略，是指站在国内国际两个大局相互联系的高度，审视我国和世界的发展，准确判断国际形势新变化，深刻把握国内改革发展新要求，加快构建开放型经济新体制，以对外开放的主动赢得经济发展的主动和国际竞争的主动，为我国经济发展注入新动力、增添新活力、拓展新空间。上海自贸试验区要保持领先优势，就要大胆实践，尝试技术含量高、战略意义大的制度创新，为国家自由贸易试验区（以下简称自贸区）战略谋子谋势。自贸试验区的发展要与“一带一路”倡议相衔接，谋划亚洲太平洋自由贸易区（Free Trade Area of the Asia-Pacific，FTAAP）实现路径。“一带一路”倡议是新时期我国对外开放的主轴，2015 年是“一带一路”倡议破题实践之年。“一带一路”主要是在亚欧非大陆及沿海航线形成一种扩大开放、区域合作发展的局面。上海自贸试验区要实质性介入“一带一路”倡议并发挥领先作用，还要积极谋划 FTAAP 实现路径，形成一种面向太平洋的扩大开放、区域合作发展的局面，与“一带一路”倡议形成双翼开放型经济新格局。2014 年在北京举行的亚洲太平洋经济合作组织（Asia-Pacific Economic Cooperation，APEC）第 22 次领导人非正式会议通过了协力推动 FTAAP 建立的北京路线图方案。为实质性推进路线图的实施，上海自贸试验区要先行先试相应的制度创新，将自身打造成 FTAAP 营运试验区。第一层面，试验“取消关税壁垒+贸易便利化＋服务贸易自由化”组合制度创新，构成物流、资金流自由流动的开放市场框架。第二层面，试验与全面且先进的 TPP（Trans-Pacific Partnership Agreement，CPTPP）对接的高标准规则及制度，包括投资保护、技术性贸易、电子商务、竞争政策、金融服务、争端解决等。通过营运试验区创新制度，探索 FTAAP 实现路径。

促进贸易便利化是自贸试验区的重要功能。根据海关合作理事会（World Customs Organization，WCO，国际海关组织的前身）《关于简化和协调海关业务制度的国际公约》（又称《京都公约》）的定义，贸易便利化是指海关程序的简化和标准化。海关监管服务创新模式是“一线放开，二线安全高效管住，区内自由”。自贸试验区的监管模式比原海关特殊监管区大幅提高了便利化水平，但与高标准的国际规则及自贸试验区相比，仍比较落后。上海自贸试验区要发展成为开放度较高的自由贸易园区，海关监管制度和模式、关税政策和征稽管理制度必须与国际高标准对接。

本书从关税理论及关税政策的国际化角度论述了我国自贸试验区关税政策的创新思路，既有政策分析，又有操作建议，对我国自贸试验区贸易便利化、海关监管制度创新有一定的启发及借鉴意义。

上海财经大学　上海自贸试验区研究院　院长

博士生导师　国务院学科评议组成员

赵晓雷

2016 年 5 月 27 日

前　言

中国制造是中国经济的基石，也是中国建立创新驱动型国家并“走出去”的根本。“十三五”期间，将是落实《中国制造 2025》规划的第一个五年，对中国从制造业大国向制造业强国的升级具有决定性意义。《中国制造 2025》着眼于“创新驱动发展”的总体战略，以加快新一代信息技术与制造业深度融合为主线，以推进智能制造为主攻方向，努力强化工业基础能力。当前，中国出口结构中，高技术产品占 28.2%，中高端产品则超过 60%。在全球 5313 种商品（按全球统一的海关编码计算）中，中国有超过 1600 种商品的产量占全球第一，超过排名为第 2～5 名国家的总和。而在解决了“量”的问题之后，中国制造还面临“质”的考验——这个“质”就是创造新的需求并使之引领全球市场的能力。根据《中国制造 2025》的布局，“十三五”期间，中国将掌握一批重点领域的关键核心技术，优势领域的竞争力进一步增强，产品质量将有较大提高。制造业数字化、网络化、智能化将取得明显进展，重点行业单位工业增加值能耗、物耗及污染物排放将明显下降。中国制造将实现从制造引领到创新引领、从供应链战略到价值链战略、从全球销售到全球经营的转型升级。

中国经济的转型升级，还需要完成从产品“走出去”到服务“走出去”的深化，而遍布全球的自贸试验区网络就是为这种深化搭建的一座座桥梁。自贸试验区战略将成为我国用全球化视野谋划国际经济合作新方略的重要形式。“十三五”期间，我国自贸试验区战略将在广度上不断扩展，双边、多边、区域开放合作将全面展开。我国将在已与 22 个国家签订的 14 个自由贸易协定的基础上，进一步推动中国-东盟自由贸易区升级谈判，推进中日韩自由贸易区、区域全面经济伙伴关系（Regional Comprehensive Economic Partnership，RCEP）、中国-海湾国家合作委员会、中国-以色列、中国-斯里兰卡、中国-马尔代夫等自由贸易协定谈判和建设进程，稳步推进 FTAAP 建设，适时启动与英国、欧盟、“一带一路”沿线国家和地区等其他经贸伙伴的自由贸易协定谈判。在深度上，中国将不断深化开放与合作的水平，建设高标准自贸试验区，实现贸易和投资的便利化，并将积极探讨电子商务、政府采购、知识产权、竞争政策等“21 世纪经贸议题”，实现从贸易大国向贸易强国的转型。

作者认为中国自贸试验区将会是世界各国经济交流的汇聚点，对于各国的经济发展具有重要的影响。在此背景下，为了加快世界经济一体化进程，关税税率政策的正确选择是各国取得自贸试验区综合效益的重要手段。世界许多国家开始逐步建立各自的自贸试验区，以吸引国外资本以及先进技术来带动本国经济的发展。

一个国家要想增加国内产品的贸易出口量或者减少产品的进口量，需要制定完善的关税政策，其目的主要是保护国际市场的稳定发展。我国自 1990 年建立第一个保税区——

上海外高桥保税区开始，已经陆续建立了 127 个保税区，其目的主要是促进我国经济的发展、促进贸易进出口、不断深化与国际经济的交流，更重要的是不断引进先进的技术手段。2013 年，我国在上海建立自贸试验区，开启了我国的经济探索之路。在此背景下，关税汇率的选择是影响国家贸易量的核心内容之一。一方面，降低进口产品的关税会严重影响人民币均衡汇率的水平，同时，随着开放经济的逐步开展，国内的货币政策、财政政策等宏观经济的调整也会或多或少地影响均衡汇率的水平，因此研究企业行为、消费者行为、政府行为以及关税产生的经济效应对实际汇率的影响至关重要。

作者在写作本书的过程中，参考、吸收和采用了国内外众多学者的研究成果，在此向相关作者表示衷心的感谢。

由于作者水平和能力有限，加之时间仓促，书中难免存在不足之处，恳请广大读者批评指正。

目　录

第一章　自贸试验区背景下关税政策概述

第一节　对自贸试验区的认识

李克强总理在第二届中国（北京）国际服务贸易交易会上提出，中国政府将探索建立自贸试验区。那么什么是自贸试验区？我国为什么要开展此项试验？自贸试验区要试验哪些内容？这些都是进行关税政策改革需要了解的问题。

一、自贸试验区的概念及设立意义

1. 自贸试验区的概念

国际上通行的自贸试验区（FTZ）是指在一国或地区的境内关外设立的，以优惠税收和海关特殊监管政策为主要手段，以贸易自由化、便利化为主要目的的多功能经济性特区。

自贸试验区可分为两种，一种是广义的自贸试验区，指两个或两个以上国家或地区通过签署协定，分阶段取消绝大部分货物的关税和非关税壁垒，改善服务业市场准入条件，实现商品、服务和资本、技术、人员等生产要素的自由流动。另一种是狭义的自贸试验区。1973 年海关合作理事会（国际海关组织的前身）通过的《京都公约》将其定义如下:“指一国的部分领土,在这部分领土内运入的任何货物就进口关税及其他各税而言,被认为在关境以外，并免于实施惯常的海关监管制度。”上海、广东、天津、福建等自贸试验区，属于狭义的自贸试验区。

2. 设立自贸试验区的重要意义

设立自贸试验区的意义在于改革。世界经济增速下滑，国内转型升级压力较大，需要以开放促改革，释放制度红利，激发经济活力；以改革带发展，变要素和投资驱动型经济增长为科技和创新驱动型增长，提高全要素生产率。高水平开放和新一轮改革都是探索，都需要不断试验和不断修正，这正是设立自贸试验区的意义。

设立自贸试验区是我国平衡改革红利和降低改革风险的一项重要制度创新。

对外而言，设立自贸试验区是为了适应全球经济贸易新规则而提前谋划布局的。当前，经济全球化新的发展趋势推动了全球贸易和投资规则的重构。在世界贸易组织（World Trade Organization，WTO）多哈回合谈判受阻导致多边贸易体制裹足不前的情况下，美国开始主导世界经济贸易投资的新规则谈判。一是美国从 2005 年开始密集推进 TPP（Trans-Pacific Partnership Agreement，跨太平洋伙伴关系协定）；二是主导跨大西洋贸易与投资伙伴关系协定（Trans-Atalantic Trade and Investment Partnership，TTIP）；三是加入诸边服务业协议（Plurilateral Services Agreement，PSA）。虽然美国于 2017 年 1 月 23 日正式宣布退出 TPP，但除美国外的 11 国就继续推进 TPP 正式达成一致，11 国签署新的自由贸易协定，新名称为“全面且先进的 TPP”（Comprehensive Progressive Trans-Pacific Partnership，CPTPP）。中国如果不及时进行战略调整，将面临严峻的贸易考验，在参与全球贸易和投资活动过程中，国际竞争力将受到严重削弱。自贸试验区的设立目标就是要先行先试，逐步积累参与国际和区域多边合作的经验，按照新的国际贸易投资规则与西方发达国家开展贸易谈判与合作，为中国进一步全面参与经济全球化进程提供必要的准备。

对内而言，设立自贸试验区是为了加快经济转型升级的步伐。中国已进入中等收入国家行列，改革正步入深水区，经济新常态已经显现，新一轮的改革开放需要顶层设计。低端制造业和低附加值贸易、房地产以及基础设施投资，这三大传统经济增长动力在我国经济超高速增长阶段发挥了重要作用，现在它们逐渐从高速增长转为平稳增长，甚至可能出现一定程度的负增长，对我国经济发展的制约也将持续显现，探寻新的增长渠道是未来中国经济可持续发展的关键。但是，考虑到我国经济发展地区不平衡，经济体制改革必然是一项系统工作，将涉及诸如管理体制、财税金融、价格体制、社会稳定等多方面因素。所以，应该适度推进改革，选择部分经济基础条件较好的地区先行开展试验，为全面深化改革积累经验。

自贸试验区不仅能够加快生产要素流动，成为中国企业融入世界创新产业链的桥头堡，推进中国参与经济全球化的进程，而且能够推动政府职能转变，提高政府管理效能，实现经济社会的和谐发展，成为世界看中国（进一步开放）、中国看世界（进一步改革）的窗口。

二、我国四大自贸试验区的战略定位

截至 2016 年，中国自贸试验区（China Pilot Free Trade Zone）主要有四个。2017 年 3 月 31 日，国务院又批复成立中国（辽宁）自由贸易试验区、中国（浙江）自由贸易试验区、中国（河南）自由贸易试验区、中国（湖北）自由贸易试验区、中国（重庆）自由贸易试验区、中国（四川）自由贸易试验区、中国（陕西）自由贸易试验区七个自贸区。截至目前，我国已有 11 个自贸试验区，本书主要介绍的是上海、广东、天津、福建四地的自贸试验区的发展情况。

1. 上海自贸试验区

上海自贸试验区设立于 2013 年，迄今为止成就斐然，主要体现在四个“两”：一是两项法制创新。自贸试验区设立之初，第十二届全国人民代表大会常务委员会第四次会议即决定在上海自贸试验区暂停《中华人民共和国中外合资经营企业法》等三部法律，为期三年；2014 年 7 月 25 日，上海市人民代表大会常务委员会通过了《中国（上海）自由贸易试验区条例》，对负面清单和正面清单的制定、企业事中与事后的监管等改革举措和制度创新进行了确认和优化。二是两份负面清单。设立次日，上海自贸试验区公布首份负面清单，也是中国首份负面清单，由此，中国成为世界上第 77 个实施负面清单管理的国家。九个月后，第二份负面清单公布，降幅达 26.8%，开放度提升 17.4%。三是两次废止多项审批。2013 年 12 月 21 日，国务院正式决定在上海自贸试验区取消 32 项审批制度；2014 年 9 月 2 日，国务院再次在上海自贸试验区取消 27 项审批制度，推动政府管理改革扩展广度、加大力度和推动深度。四是两份开放清单。2013 年 9 月 29 日，上海自贸试验区运行第一天发布的六大领域、23 项开放举措，2014 年 6 月 30 日全部落地；2014 年 7 月 1 日，上海自贸试验区发布新 31 条开放举措，开放领域更予扩大。

上海自贸试验区应该在各区域间形成协调发展的局面，以提高整体竞争力。一是要思考如何与“四个中心”（国际经济中心、国际金融中心、国际航运中心、国际贸易中心）建设和全球科创中心建设结合起来，加快建设一批高能级、面向国际的金融、贸易、航运平台和创新平台，把加强金融创新和科技创新作为上海自贸试验区建设的重中之重，认真研究开发资源跨境流动、离岸研发、知识产权保护、数字安全等问题，大力鼓励与科技创新相关的金融资源、金融要素、科技人才在自贸试验区框架下实现自由流动，建立人民币汇率的定价、交易、清算中心等。二是完善组织架构，扩区之后的上海自贸试验区管理委员会（以下简称上海自贸试验区管委会）已正式推行“双主任制”的领导架构，从而起到高效管理和建设自贸区的作用。三是推动上海自贸试验区建设与长江三角洲乃至长江经济带发展的有机结合。2017 年 3 月 28 日，国务院授权三部委发布的“一带一路”愿景与行动纲要中，唯一提到的自贸试验区就是上海自贸试验区。上海自贸试验区的制度创新成果，将在长江经济带复制推广，形成协同发展的新格局。

2. 广东自贸试验区

广东自贸试验区于 2014 年设立，在区域功能上，其强调了粤港澳概念，明确提出依托港澳、服务内地、面向世界，以制度创新为核心，促进内地与港澳经济深度融合，深入推进粤港澳服务贸易自由化，强化粤港澳国际贸易功能集成，探索构建粤港澳金融合作新体制等。值得一提的是，在深化粤港澳合作方面，广东自贸试验区建设相关事项纳入粤港、粤澳合作联席会议制度，相向互动，在内地与香港、澳门《关于建立更紧密经贸关系的安排》（*Closer Economic Partnership Arrangement*，CEPA）总体框架下，探索对港澳的深度开放，涵盖大部分现代服务业领域，在服务业市场准入和制造业开放上适当放开步伐，实现优势互补。预计广东自贸试验区将拥有更宽松的环境和较好的政策基础、文化基础、货币基础，有望在金融改革中推出更多的新创举，为人民币国际化做出自己的贡献。另外，与天津自贸试验区和福建自贸试验区不同，广东自贸试验区在前海、横琴、南沙三个新区的部分区域建设已有国务院批复的相关规划和政策，而在政策叠加后，广东自贸试验区的重要任务就是探索更开放、更便利的国际投资贸易规则。

3. 天津自贸试验区

天津自贸试验区设立于 2016 年，作为北方唯一的自贸试验区，其不仅承担先行先试的责任，还承担贯彻落实京津冀协同发展国家战略的重任。天津自贸试验区和其他自贸试验区的区别，主要表现在天津自贸试验区将着重于制造业和商业物流的并重开放；天津市是综合改革试验区，中央赋予天津先行先试政策；天津是京津冀协同发展的重要一极，天津港是京津冀最大的综合性贸易港口，是其开展对外贸易的重要载体，在京津冀吸引外资过程中发挥引擎作用。此外，由于金融业的业态和体量规模等与上海不同，天津自贸试验区金融创新的侧重点也将有所区别。近年来，天津在金融创新领域飞速发展，形成了包括融资租赁、航运金融、国际保理等新型金融业态在内的多元化、多层次、开放型资本体系，其中，天津融资租赁业更是异军突起。如果说上海作为金融中心是总体金融试验区，那么天津自贸试验区则要发挥在融资租赁领域的潜力，为实体经济发展提供服务。

4. 福建自贸试验区

福建自贸试验区设立于 2014 年，从国家层面考虑，其最大的战略意义在于对接台湾，以“对台湾开放”和“全面合作”为方向，进一步深化两岸经济合作，一来吸引台资企业入驻，二来便利与台湾的经贸往来，促进两岸经济和人员更好地融合。福建拥有丰富的土地和劳动力资源，在对接台湾产业、加快两岸产业融合方面独具优势，因而福建自贸试验区需要扩大对台服务贸易开放，以此进一步促进服务要素的自由流动，推动海峡两岸经贸的深度发展。在金融创新方面，两岸跨境人民币业务将是福建自贸试验区金融业未来发展的一大特色。

总之，这四大自贸试验区都将立足国家总体战略，充分发挥自身优势，为“一带一路”建设、京津冀一体化、长江经济带发展、粤港澳深度融合、两岸经济发展等探索新途径，积累新经验，实现多层次、全方位的发展。

四大自贸试验区的目标及战略定位如表 1-1 所示。

表 1-1　四大自贸试验区的目标及战略定位

自贸试验区	目标	战略定位
上海自贸试验区	力争建设成为开放度最高的投资贸易便利、货币兑换自由、监管高效便捷、法制环境规范的自由贸易园区	推进改革和提高开放型经济水平的“试验田”
广东自贸试验区	实现粤港澳深度合作，形成国际经济合作竞争新优势，力争建设符合国际高标准的法制环境规范、投资贸易便利、辐射带动功能突出、监管安全高效的自由贸易园区	粤港澳深度合作示范区、21 世纪海上丝绸之路的重要枢纽
天津自贸试验区	力争建设成为国际一流的自由贸易园区，在京津冀协同发展和我国经济转型发展中发挥示范引领作用	京津冀协同发展的高水平对外开放平台
福建自贸试验区	增强闽台经济关联度，加快形成更高水平的对外开放新格局，拓展与 21 世纪海上丝绸之路沿线国家和地区交流合作的深度和广度	深化两岸经济合作的示范区、21 世纪海上丝绸之路的核心区、面向 21 世纪海上丝绸之路沿线国家和地区开放合作的新高地

三、我国四大自贸试验区的共性分析

国家设立自贸试验区意在倒逼经济改革、释放改革红利、加强与国际接轨，不仅以上海自贸试验区试点内容为主体，而且要结合地方特点充实新的试点内容。

从横向来看，自贸试验区是撬动中国新一轮改革开放的支点，具有试验区、桥头堡和排头兵的作用。

四大自贸试验区都追求机制、体制、法治上的创新和突破，围绕面向世界、服务全国的战略要求，把扩大开放与体制改革相结合，把培育功能与政策创新相结合，把大胆试验与谨慎求证相结合，构建国际合作发展的新平台，拓展经济增长的新空间。因此，四大自贸试验区将以加快政府职能的转变、扩大投资领域的开放、推进贸易发展方式的转变、深化金融领域的开放创新、完善法治领域的制度保障等作为主要任务。四大自贸试验区涉及贸易、投资、金融、行政管理等领域的开放政策具体体现在以下四个方面。

1. 贸易便利化

贸易便利化是自贸试验区最基本的功能，即在没有海关监管、查禁、关税干预下的货物自由进口、制造和再出口。四大自贸试验区实施境内关外管理，货物进出试验区相当于进口和出口，享受关税等优惠政策。监管上采取“一线逐步彻底放开、二线安全高效管住、区内货物自由流动”的模式，实现从货物管理转变为企业管理。一线监管集中在对人的监管，口岸单位只做必要的检验检疫等，海关从批次监管模式转向采用集中、分类、电子化监管模式，实现区内人与货物的高效快捷流动。在注重对接国际经贸规则背景之下，自贸试验区势必还将进一步推动贸易便利化，同时提升贸易开放程度。更重要的是，自贸试验区要一并推进与自由贸易相关的服务贸易的发展，如包括航运、贸易及相关服务业的开放，一定程度上打破现有的贸易壁垒，推动区内要素转移、资源配置。贸易便利化既是自贸试验区建设的目标和任务，也是自贸试验区对接国际的手段和方法，是推进改革和提高开放型经济水平的重要标志。

2. 投资自由化

在新一轮的全球化进程中，各国都在力争向更开放的贸易和投资自由化、便利化新标准推进，尤其注重投资自由化问题，这是我们在新一轮开放过程中必须加以重视的。自贸试验区要成为改革的桥头堡、排头兵，要自始至终采取高标准的投资规则，一是公平竞争的政策，二是整个过程的准入前国民待遇和负面清单管理，即在市场经济的范畴中，如果法律没有明令禁止，一切皆可为。负面清单是理念上的重大突破，其管理模式的重点并不在于“负面”，而在于国家对国民待遇等“正面”义务的承担，在于将非歧视、市场化、贸易投资自由化等确立为基本原则。基于负面清单的准入前国民待遇要求是投资自由化进程中的核心议题。从国家战略的角度看，负面清单需要兼顾中美双边投资协定（Bilateral Investment Treaty，BIT）等一系列国家谈判以及国际投资贸易规则的新变化。

3. 金融国际化

金融国际化是自贸试验区的重要内涵，其最终目的是推动人民币国际化。金融行业在自贸试验区受益面最广，而且未来自贸试验区金融方面的发展愿景也很宏伟。金融业作为服务业的一种，在企业的贸易和投资过程中扮演着重要角色。当前，金融体制改革已经展开，以资本项目可兑换和金融服务业开放为目标，涉及四个“化”，即利率市场化、汇率国际化、人民币境外使用的扩大化、管理的宽松化。四大自贸试验区在金融方面的试点内容主要包括利率市场化、汇率自由汇兑、金融业的对外开放、产品创新等，也将涉及离岸业务。自贸试验区推动离岸金融业务，拓宽外商金融投资范围，包括允许符合条件的外资金融机构设立外资银行，符合条件的民营资本与外资金融机构共同设立中外合资银行。在人民币国际化方面，自贸试验区将在风险可控的前提下，对人民币资本项目可兑换进行先行先试。

4. 行政精简化

自贸试验区势必带来市场准入门槛的降低以及政府管理约束力的弱化，因而，简捷高效的事中、事后监管将成为改革的关键。必须按照国际化、市场化、法治化的要求，转变政府职能，简化审批程序，以综合监管和法治化管理为主，提高行政透明度，积极探索建立与国际高标准投资和贸易规则体系相适应的行政管理体系。可以预见，未来四大自贸试验区将不断实践“小政府”和服务型政府，实行高效的市场化宏观调控和管理，厘清市场和政府最优边界。

四、对我国自贸试验区未来发展的政策建议

四大自贸试验区已成为中国新一轮的全面深化改革的高地，将倒逼新一轮的改革开放。从“一枝独秀”的1.0时代，进入“雁阵齐飞”的2.0时代，自贸试验区建设成为一项更加复杂的系统工程，必须进一步明确方向、找准定位。

1. 在国家层面成立强有力的协调机构

四大自贸试验区覆盖了我国东部沿海华北、华东、华南三大区域的经济核心区域和三大城市群，这将带来与以往不同的运行规则和管理体制。虽然有省一级政府协调，但实际运作过程中可能出现各自为政的情况，可能导致区域间、城市间的不良竞争。自贸试验区的改革领域众多，其中任何一项重大改革都并非单一地方的利益调整，而事关区域和全局，单靠地方政府本身无法完成。全球许多国家在自贸试验区的管理上采取中央政府层面设置管理机构的做法，以充分保障自贸试验区运行的统一性与便利性。中央层面的自贸试验区管理机构，应具有全面的行政权力，甚至有充分的法律授权。

为了保证各个自贸试验区在全国范围内的政令统一，真正实现高效精简的制度目的，应该考虑在中央层面成立主管机构或对口部门，如设置统领全国的“中国自贸试验区管理委员会”。这一管理委员会可作为国务院的一个部委，在职权上涵盖涉及自贸试验区的全部行政职权，同时有权制定部门规章，并且可视情况在各个自贸试验区内设立垂直领导的分支机构。该机构的主要职责是研究自贸试验区改革过程中的法律创设和制度架构，参与制定国务院对自贸试验区改革创新的指导意见和支持地方政府的改革突破，根据现有四个省市的资源禀赋和比较优势，按照国家战略需求，分别予以战略定位，给出各自承担的战略任务，以及对战略推进的路径和时间表等予以原则指导，整合、协调不同区域的发展，及时评估、解决试点中出现的重大问题，真正走出一条国家战略、上下联动、地方突破、政府主导和市场运作的新路径。

同时，国家也应鼓励四个自贸试验区结合各自特色开展自主创新、自主实践，赋予自贸试验区足够的自主权，调动其积极性，注重顶层设计与基层实践的互动，提升自贸试验区的开放度和创新度。如2.0版的上海自贸试验区，应重点考虑自贸试验区建设如何与构建开放型经济新体制更好结合，对接“四个中心”和科创中心建设，打造金融创新示范区，放松资本管制，拓展离岸功能，提升全球资源配置功能；广东自贸试验区则应侧重粤港澳金融合作、贸易自由化，注重要素、商品与服务的跨境流动；天津自贸试验区要服务京津冀一体化，大力发展实体经济；福建自贸试验区的建立要迎合“海上丝绸之路”战略，更加注重服务业开放和两岸贸易平衡等。此外，针对上海自贸试验区试点中存在自贸试验区管委会对自贸试验区内海关、检验检疫、海事、金融等部门不具有

行政隶属的问题，建议进一步扩大自贸试验区管委会的职权范围，适时增强其独立地位，使其在行使综合执法权时起到统一受理、统一许可、统一处罚的作用。

2. 尽快制定《自由贸易区促进法》

国家应尽快制定《自由贸易区促进法》为自贸试验区的设立和运行厘定法律框架，避免政出多门，防止自贸试验区“寻租”。

一是促进经济运行体制和管理体制的协同。统筹做好顶层设计，科学设立我国自贸试验区发展的战略目标，做好前瞻性的战略部署，明确政府监管的范围，优化职责分工，避免自贸试验区的设立和管理与实际脱节。二是促进宏观改革和微观改革的协同。制定统一的法律体系，应坚持合宪性原则、属地管辖原则、立法统一原则、与国际惯例接轨原则，进行国家层面的立法，然后在国家立法的指导下，完善地方立法和配套细则，最终形成法律、法规、规章等协调配合的法律体系。三是促进政府改革和市场改革的协同。随着法治建设的推进，我国的产业立法也将发生两个明显的转变，即由地方立法、部门立法向国家立法转变，由单领域向宽领域转变。简言之，未来双边、多边、国家级负面清单的决定权在全国人民代表大会，这对限制政府权力、促进政府职能转变具有正本清源的作用，也给政府改革带来了契机。在此情形下，应未雨绸缪，尽早研究、设计适应新情况的政府管理体制改革方案。四是促进法治建设和对外开放的协同。要深度介入国际贸易规则的制定，使中国经济真正融入国际贸易格局，使国际和国内投资者都能享受到低成本、便利化、自由化的营商环境：①尽快清理与自贸试验区协议、国际规则不相符或相抵触的相关法规政策，将我国根据相关国际协议享有的权利和承担的义务转化为国内法规。②根据国际惯例进行制度引进和制度创新。例如，公平竞争条款需要通过试验实现与国际规则的接轨。③加强依法行政和司法监督，在考虑国内规则合法的基础上也要兼顾国际上的相关规则，从把握相关法律的适用性、贯彻正确的法律程序等方面入手，为自贸试验区健康发展提供切实的法律保障。

3. 与“一带一路”倡议紧密对接

“一带一路”倡议将成为构筑中国新一轮对外开放的“一体两翼”，在提升向东开放水平的同时加快向西开放的步伐，助推内陆沿边地区由对外开放的边缘迈向前沿。四大自贸试验区都是“一带一路”的核心区，上海、广东、天津、福建四地拥有良好的资源禀赋，是我国的经济重镇，且都有重要的港口，是连接“一带一路”的桥头堡和重要支点，四大自贸试验区的布局，对“一带一路”国内核心区域和相关国家具有较强的经济辐射和联动作用。2017 年 3 月，国务院总理李克强在政府工作报告中明确提出，推进丝绸之路经济带和 21 世纪海上丝绸之路合作建设，构建全方位对外开放新格局。同时他也强调，要积极推动上海自贸试验区、广东自贸试验区、天津自贸试验区、福建自贸试验区建设，在全国推广成熟经验，形成各具特色的改革开放高地。从中我们可以悟出，自贸试验区建设与“一带一路”倡议高度契合。因此，如何将两者综合考量、整体布局，是当下较为关键的问题。

一是“一带一路”倡议要与自贸试验区战略形成合力。“一带一路”与自贸试验区建设将共同构成我国对外开放的新格局，前者侧重以基础设施为先导促进沿线经济体互联互通，而后者则以降低贸易门槛、提升贸易便利化水平加快区域内经济一体化为主要内容。习近平总书记针对“一带一路”提出的“五通”问题（政策沟通、道路联通、贸易畅通、货币流通、民心相通）与自贸试验区的“四化”（投资自由化、贸易便利化、金融国际化、行政管理简化）相吻合。当“一带一路”在构建新的开放格局时，作为改革新高点的四大自贸试验区，要尝试把改革开放纵向深化，在新常态下进行新一轮的体制机制创新。二是服务大局凸显优势。四大自贸试验区应充分利用自身的比较优势，以不同的资源禀赋和竞争优势，积极实现无缝对接，同时以差异化优势实施国家“一带一路”的倡议举措。如上海可进一步推动国际贸易合作、扩大金融开放；广东、福建可利用其港口航线与沿线国家已经互联互通的优势；天津可利用其是欧亚大陆桥东端起点的地理优势。三是形成辐射效应。自贸试验区先行先试，为中国参与国际贸易积累经验，用自贸试验区的辐射效应加快建成本土企业“走出去”之前的本土跨国公司国际化孵化和培育基地，促进我国企业通过对外投资参与全球资源的配置，充分利用我国在基础设施建设领域的领先技术和成本优势以及富裕产能，通过自贸试验区加快对外输出的速度，在为国家争取重大利益的同时，也为“一带一路”区域争取到更大的发展空间。四是四大自贸试验区分别探索与“一带一路”重点国家的经济合作模式。例如东亚的哈萨克斯坦、南亚的巴基斯坦、非洲和欧洲的其他国家，甚至可以考虑在四大自贸试验区内为“一带一路”沿线重要国家的企业与我国企业的进一步合作开拓空间。

4. 进一步推动行政管理体制改革

自贸试验区改革的重心之一在于行政管理体制的创新，参考国外成熟市场经济国家的经验做法，政府的角色应定为市场环境的维护者而非市场决定者。因此，自贸试验区一方面强调政府放松管制以发挥市场的作用，另一方面也要求政府加强监管，抓住政府与市场的两头。建议以自贸试验区 2.0 版的推进为契机，重点聚焦投资管理体制和事中事后管理体制的构建，加快政府职能转变，创新政府管理方式，简化行政审批，加强监督管理。具体而言，应在以下方面加以推进。

第一，提高透明度。透明度原则作为国际公认的行政管理规则，也是自贸试验区建立国际信誉的重要制度，因此有必要在各自贸试验区条例的总则中凸显其作为基本制度的法律地位。比较各国自贸试验区对于透明度原则的践行，可以发现其体现于法规政策“制定前通知、制定中参与、制定后评估”三个阶段，因此我国自贸试验区在满足制定中和制定后两个阶段透明的情况下，还需要加强相关规范制定前的预先通知制度，以保障利益相关方的知情权利。

第二，稳步推进负面清单模式。负面清单是自贸试验区在外资领域先行先试的重要制度革新。上海自贸试验区的负面清单经过两次修订，基本实现了扩大开放力度、加强政策透明度、放松事前监管、实现对接国际四大目标。但同时，根据普华永道、国家发展和改革委员会、美中贸易全国委员会、中国美国商会、中国欧盟商会等的评估报告，现有负面清单依然存在不足之处，其中最为突出的就是负面清单尚无法成为外商投资自贸试验区的唯一依据。建议负面清单的修订要采用稳步推进的方式，同时兼顾先行先试与风险可控两项基本原则，明确细化负面清单中的限制性措施，扩大负面清单的涵盖范围，衔接准入后审批管理措施与负面清单，提高内资审批管理措施的透明度。此外，随着上海自贸试验区的升级和其他三个自贸试验区的出现，要重视负面清单的协调问题，避免无序竞争，建议在国家层面加以协调，乃至统一。十分可喜的是，国务院于 2015 年 4 月 20 日发布中国四大自贸试验区负面清单，分为 15 个门类、50 个条目、122 项特别管理措施，四大自贸试验区将分工协作、统一适用。

第三，完善事中事后监管体系。构建事中事后监管体系是一项艰巨的任务，在上海自贸试验区经验的基础上，国务院已经决定将构建政府信息共享平台作为下一阶段政府体制改革的重要内容在全国推开，因此政府事中事后管理体制的构建将成为我国下阶段政府行政管理体制改革的重要内容。鉴于监管覆盖面宽，存在部门分置的问题。以上海自贸试验区政府事中事后管理体制为例，其涉及六个子体系（国家安全审查制度、反垄断审查制度、社会信用体系建设、企业年检改成企业年度信息公布制度、建立政府各部门信息共享平台和统一监管执法体系、社会力量参与综合监管制度），其中有些是中央相关部门的事权，如国家安全审查和反垄断审查；有些则属于地方政府的功能，如社会信用体系的建设、企业年度信息公布等；还有些需要中央部门参与协调，如政府各部门信息共享平台建设，建议要全面整合法律制定、执行、识别、监管、授权等职责，协调不同部门之间的职责，如垂直管理的政府部门（条）与地方政府的职能部门（块）之间如何配合，提高政府服务效率。

第四，打造“政府—社会组织—市场”三位一体的联动监管机制。强调放松管制与有效监管的平衡，就需要培育起到中介监管作用的社会组织。自贸试验区社会组织监管作用的发挥必须遵循宏观与微观并重、法治与自治结合、监督与服务齐聚的准则，同时结合自贸试验区特色以行业协会作为中心议题进行改革与创新。

第五，扩大公众参与度。自贸试验区内各项创新制度的开展已经触发了众多新兴的行业与经营方式，对于这些行业与经营方式的支持与规范需要借助企业与行业协会对商事惯例的总结与解释，故建议出台一套商事惯例的确认制度，使自贸试验区内的企业不仅仅作为制度的陪审者，更成为实际规范的参与制定者。

5. 深化金融体制改革

随着人民币国际化进程加快，自贸试验区要遵循成熟资本市场发展规律，探索在跨境融资、创新型投资、全球金融衍生品交易等新兴业务的基础上，开辟新的市场增长点。

一是建立国际金融资产交易平台，发展诸如中国存托凭证（Chinese Depository Receipt，CDR）、亚洲美元债券、人民币国际债券等金融商品，以满足自贸试验区内外投资者的需求。借助自贸试验区的特殊定位和试验区特色，应当允许交易平台在投资者范围、资金流向、产品创新方式、监管模式等方面参照国际成熟市场通行做法大胆创新，在扩大资本市场对外开放、促进人民币跨境使用、探索管理模式创新等方面发挥其独特作用，建设一个运作规范、公开透明、监管高效的金融资产交易市场。二是推动境内各项制度规则与国际市场接轨。目前，国际上对中央对手方制度、场外交易场内集中清算制度、抵押品管理制度等规则进行了一系列的改革和优化，自贸试验区的制度建设应该紧跟这一发展趋势，早日做到与国际惯例接轨，推动境内金融市场的制度进一步完善。同时，运用底线思维避免系统性风险，不断提升服务水平和专业化程度，推动我国市场的蓬勃发展。三是集聚境内外中介机构规范市场交易。我国可以通过自贸试验区平台建设，推动形成市场化、国际化的金融资产交易中介服务体系，吸引全球金融投资中介机构在自贸试验区集聚；逐步建立以自律监管为主、政府监管为辅的综合监管体制和符合国际标准的投资者保护体系，督促市场主体依法依规开展业务，严厉打击市场操纵等违规行为，确保市场规范、安全、有效运行。四是坚定不移加快对外开放进程。为应对来自境外市场的竞争，我国急需加快境内市场的对外开放步伐。建议在本着“以我为主、严控风险”的前提下，以自贸试验区为试点，逐步修改相关的法律法规，放宽对境外投资者的市场准入，扩大其可投资的范围，逐步消除跨境资本流动的种种障碍，夯实境内流动性中心的地位。

五、自由贸易区与保税区、物流园区的区别

自由贸易区通常指两个以上的国家或地区，通过签订自由贸易协定，相互取消绝大部分货物的关税和非关税壁垒，取消绝大多数服务部门的市场准入限制，开放投资，从而促进商品、服务和资本、技术、人员等生产要素的自由流动，实现优势互补，促进共同发展；有时它也用来指一国国内一个或多个消除了关税和贸易配额并且对经济的行政干预较小的区域。

保税区亦称保税仓库区。这是一国海关设置的或经海关批准注册、受海关监督和管理的可以较长时间存储商品的区域，是经国务院批准设立的、海关实施特殊监管的经济区域。

物流园区是指在物流作业集中的地区，在几种运输方式衔接地，将多种物流设施和不同类型的物流企业在空间上集中布局的场所，也是一个有一定规模的和具有多种服务功能的物流企业的集结点。

保税物流园区是指经国务院批准，在保税区规划面积或者毗邻保税区的特定港区内设立的、专门发展现代国际物流业的海关特殊监管区域。

与国内各类保税区不同的是，自由贸易区的最大特色是“境内关外”的特殊海关监管制度，即“一线放开，二线管住”。

所谓“一线”，是指自由贸易区与国境的通道口；“一线放开”是指境外的货物可以自由地、不受海关监管地自由进入自由贸易区，自由贸易区内的货物也可以自由地、不受海关监管地自由运出境外。

所谓“二线”，是指自由贸易区与海关境内的通道口；“二线管住”是指货物从自由贸易区进入国内非自由贸易区，或者货物从国内非自由贸易区进入自由贸易区时，海关必须依据海关法的规定，征收相应的税收。

第二节　关税的经济效应及关税政策的影响

一、关税与关境的内涵

自贸试验区背景下进行关税汇率政策的选择需要了解关税的经济效应。关税与关境

的内涵不同，对关税政策的影响也不同，要从内涵层面理解关税的经济效应。

1. 关税的内涵

首先，关税是指通过一个国家的关境进出口的商品，由该国政府设置的海关向进出口商征收的一种税。关税具有强制性、无偿性和固定性。关税属于间接税种，课税主体是进出口商人，而课税客体是进出口的货物或者商品，具有一定的涉外性。关税随着商品流通领域和国际贸易的不断发展逐渐演变。

关税的历史悠久，是持续时间最长的税种之一。在中国古代，统治者在其疆域内通过对流通中的商品以及货物征收关税，从而取得最直接、最便捷的财政收入，以便增加国家的收入。近代国家不断丰富关税的内容和形式，使关税的经济作用已经不再是直接单纯地表现在财政收入上，而是对于一个国家的经济发展起着重要的调节、保护和财政支撑的作用，也就是具有了最直接的财政效应、保护效应以及调节效应。

2. 关境的内涵

关境是实行同一个海关法律规范以及关税制度的境域，也就是说一个国家或者地区行使海关主权的执法空间的范围，又称为税境或者海关境域。国际海关组织将关境定义为“完全实行统一海关法的地区”。

历史上关境可以与国境一致，但是在全球化加速发展的21世纪许多国家的关境并不等于国境。国境一般是指一个国家行使的全部主权的国家空间，一般包含陆地、领海、领空等。第二次世界大战后，关税同盟和自由区域、自由港大量出现，使得国境等于关境的准则被打破。一般情况下，几个国家可以结成关税同盟国，共同组成一个关境，来实行统一的海关法律法规以及关税制度，在同盟成员国之间进行货物和商品的运输不征收关税，这时候关境也就大于某一成员的国境。自由港和自由区域虽然在国境内部，但是从征收关税的情况上来说，可以将其认定为关境之外，进出自由港或者自由区域时可以免征关税，而此时的关境是小于国境的。总之，关境是国家实施海关法令的领土区域，与国境经常不一致。

3. 关税的理论研究

关于关税的理论研究从古代开始就逐渐兴起，从理论层面研究关税有助于在自贸试验区背景下正确理解关税，从而理性地选择关税政策。

（1）最优关税理论

1953年哈里·约翰逊（Harry Johnson）提出了最优关税理论。他提出，最优关税理论是关税存在的最合理的理由，如果一个国家的进出口额占世界进出口总额的大部分，可以通过征收关税来提升本国的福利水平。随后众多研究者从不同的角度对最优关税理论进行了阐述，尤其是在1984年，凯文·希尔（Kevin Hill）提出关税能够作为改正扭曲行政成本的手段，能够保护国民的福利，而不是单单作为收入再分配的一种手段。至此，最优关税理论逐渐被人们重视。

（2）幼稚工业保护理论

幼稚工业保护理论是美国第一任财政部长亚历山大·汉密尔顿（Alexander Hamilton）提

出的，旨在利用高关税政策保护幼稚工业。1981 年，弗里德里希·李斯特（Friedrich Liszt）提出，高关税政策能够发展国家的生产力，只有一个国家的工业得到高速发展，才能够使工业发展水平大致相等的两个国家在自由竞争的原则下同时获利，所以，对于经济落后的国家来说，利用高关税政策保护本国的工业发展，对于一国经济具有重要的保护作用。幼稚工业保护理论是基于一个国家经济可持续发展提出的，对关税汇率政策的选择具有指示作用。

（3）关税与汇率的关系

在自贸试验区背景下，选择关税汇率政策，需要对关税和汇率的关系有清楚的理解。首先，关税是在一定的汇率基础条件下才能够发挥作用的，而不同的汇率制度对关税的影响效应各有不同。1987 年，爱德华·普雷斯科特（Edward Prescott）对基于小国开放经济下的商品模型，如进口商品模型、出口商品模型以及非贸易商品模型下关税的变化、贸易条件的变化对于实际汇率的影响进行研究。研究结果表明，关税上升会使实际汇率升值，在贸易条件恶劣的情况下会导致实际货币的贬值，但是两种情况是不可能同时成立的。1987 年，普雷斯科特利用一般均衡跨期模型详细地分析了实际汇率的变化过程。结果表明，对于进口关税，其变化分为暂时的关税变化和持久的关税变化，其中暂时的关税变化将会改善经常账户，而持久的关税变化则会改善资本账户。另外，普雷斯科特还利用小国开放经济的一般均衡模型，对由关税引起的内部贸易条件变化以及外部贸易条件变化进行了区分，而暂时贸易条件的变动对于实际汇率和经常账户的差额有重要影响。

二、关税的经济效应

关税的经济效应表现在关税的财政效应、关税的保护效应、关税的调节效应等方面。

1. 关税的财政效应

（1）财政效应的内涵

关税最原始、最基本的效应就是财政效应。财政效应是指关税具有组织财政收入的职能，能够对其他经济领域产生重要的影响，也是其他经济效应发挥作用的基础。在关税发展的早期，马克思就提出它是源于封建主对其他领域的客商征收的一种具有捐赠性质的税。在现代国家，关税作为流转税也属于间接税，消费者不用直接缴纳，关税的纳税义务人可以将关税的负担转嫁给进出口商品的消费者，这样的形式纳税人比较容易接受，对征税者也比较方便，受到的阻力较小。针对关税的财政效应，马克思提出“关税中的出口税是阻碍国家工业发展的，它仅仅能够增加国家的国库收入”。恩格斯提出，在俄国，关税是要用黄金而不是利用贬值的本币来支付的，这足以说明关税的重要性。而保护税率也是为了给贫困的政府提供可以与国外债主进行讨价还价的筹码，提供与国外债主打交道的硬通货。这种税率能够利用彻底排除国外商品的手段完成它的保护功能。所以，关税的财政效应能够影响一个国家的经济发展，同时也是一个国家实力的象征。

（2）财政效应的经济分析工具

1）拉弗曲线。关税的财政效应可以利用拉弗曲线来分析。供给学派经济家阿瑟·拉弗（Arthur Laffer）提出，税收收入并非始终与税率是同方向变动的，两者之间的关系呈现倒 U 形变化，也就是说，当税率适中时税收收入最大。就关税本身而言，也是同样的道理，只有适当的税率才能够保证一个国家的关税发挥最佳的财政效应。拉弗曲线只是将税收收入额与税率之间的关系做了简单阐述。一般情况下，我们不会用拉弗曲线来说明关税的财政效应，而更倾向于利用关税的局部均衡模型。

2）局部均衡模型。局部均衡模型在分析关税的财政效应时需要根据国家贸易性质来分类说明。

一种是基于贸易小国的局部均衡模型。所谓贸易小国就是在进出口国的进口商品的数量对于国际均衡价格并没有实质性的影响。贸易小国一般只是扮演价格接受者的角色。如图 1-1 所示，贸易小国的关税局部均衡分析中可以假设该贸易小国的商品国际市场的需求曲线为 I_d，供给曲线为 I_s，供求的均衡点为 I_c，国际上的市场均衡价格为 P_1；贸易小国商品的国内供给曲线为 S，国内需求曲线为 D，如果没有对外贸易交易，供求均衡点为 E，而 P_c 为国内的商品均衡价格。在自贸试验区背景下，如果不采取任何关税或者非关税的措施，该贸易小国的国际均衡价格 P_1 作为进口商品的价格，这时候国内商品的需求量就为 Q_1，国内的供给量为 Q_2，进口的商品数量就是 Q_1-Q_2，而关税收入为 0。如果关税税率大于 0，进口商品的价格就会上升，进口国也会获得关税收入。如果征收的关税达到 T_1，进口国就会获得四边形 $BFGH$ 的关税收入。但是如果关税过高就会达到禁闭性关税，也就是关税达到 T_2 时，进口商品的数量就会下降，这时候的进口国家就会变成一个封闭的国家，关税的收入也就变为 0。从图 1-1 中可以看出，只有当关税为 0～T_2 时，进口国家才会获得关税收入；当 T_1 为△AEC 高的一半时，贸易小国的关税财政效应才会发挥出最优水平。

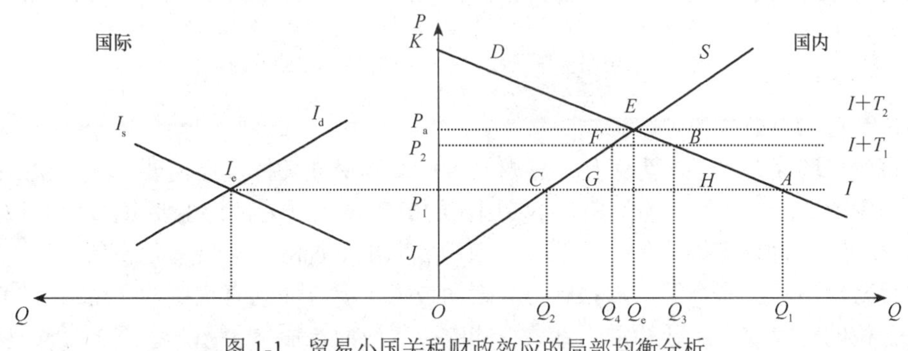

图 1-1　贸易小国关税财政效应的局部均衡分析

另一种是基于贸易大国的局部均衡模型。如果该贸易国为贸易大国，那么正好与贸易小国相反。贸易大国进口商品的数量在国际贸易中占据较大的比例，贸易大国就会作为价格参与者的角色参与国际市场交易。如图 1-2 所示，在贸易大国的关税局部均衡分析中假定有两个贸易国，进口国的进口商品数量等于出口国的出口商品数量，进口商品的数量会对出口国商品的价格产生影响。图 1-2 中左边图形表示出口国家的国际市场的供求关系，I_d 为国际需求曲线，I_s 为国际供给曲线；右侧图形表示进口国家国内市场供求关系，D 为国内需求曲线，S 为国内供给曲线。在没有对外贸易的情况下，出口国家的均衡价格设定为 P_0，均衡产量为 Q_0，进口国家的均衡价格设定为 P_c，均衡产量为 q_e。在自贸试验区背景下，进口国家从出口国家进口价格较低廉的商品，国内的供给量在生产量的基础上增加了进口量，供过于求的情形下国内商品的价格变得更低，此时出口国家的出口需求增加，供小于求的情况下出口国家的商品价格逐渐上升，一直到与进口国商品价格一致时才达到贸易均衡。

从图 1-2 中可知，只有当进口国家的关税税率大于 0 同时小于禁闭性关税税率时，关税才会发挥财政收入效应。但是这种情况又与贸易小国不同，贸易大国在征收关税之后，一种情况下会导致国内的商品价格上涨，此时从本国的消费者手中征得一部分关税收入是可以实现的；另一种情况就是贸易大国的进口商品的数量在国际市场上商品的销售数量中占据较大的份额，国内市场价格的上涨会减少进口商品的数量，从而改变国际市场供求的均衡情况。所以，进口国为了保证商品的销售量不下降，同时又不降低商品的出口价格，就需要从出口国家的生产者或者消费者手中获得一部分的关税收入，以保持关税财政效应的局部均衡。在图 1-2 中当 T_2 等于△JEK 高的一半时，进口国家会获得最佳的关税财政效应。

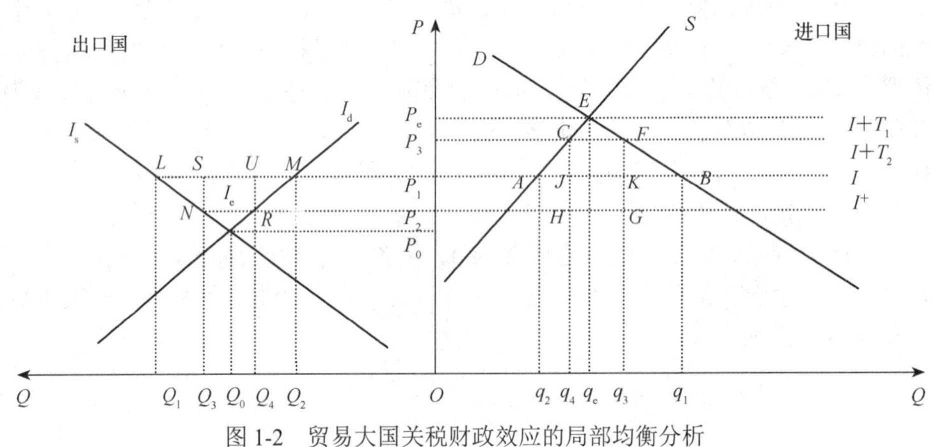

图 1-2 贸易大国关税财政效应的局部均衡分析

（3）关税财政效应的国际影响

在自贸试验区背景下，为了使关税财政效应得到最佳发挥，还需要关注关税财政效应的国际影响。在经济发展的早期，许多国家的财政收入以关税为主要来源。调查发现，17 世纪末期，欧洲许多国家的关税收入占财政收入的 80%以上。随着经济的发展，关税在促进贸易自由、贸易合作，加强国与国之间技术交流方面具有重要的作用，人们越来越关注关税的财政效应，开始意识到关税的财政效应应该服从于国际经济贸易的具体要求和需求。国家之间开始降低关税水平，关税收入占国家财政收入的比重不断下降。值得关注的是，发达国家的关税财政效应已经被淡化，由此可见，关税的财政效应对于发达国家的经济发展已经不再是主要因素。但是在发展中国家，因为税基过窄或者经济发展水平的限制，关税的财政效应依然影响深远。究其原因，不同的经济发展水平决定关税对财政收入的重要性。调查发现，低收入国家的关税占财政收入的比重远远大于工业化国家。由此可见，与其他财政收入形式相比，关税的财政效应随着国家经济发展水平的变化而变化。

（4）我国关税财政效应分析

加入 WTO 后，我国进入了承诺降税期，逐年对关税的平均税率进行下调。然而随着对外贸易的发展，关税税收逐年稳定增长，在 2010 年就已经突破了 2000 亿元。尤其是近几年，关税收入占财政收入的比例大约为 2.5%，已然成为我国财政收入最稳定的来源之一。过多的关税优惠政策弱化了关税的财政效应，这是因为虽然我国的关税税率较高，但实际征收率却在降低。如果按照实际征收率来衡量，我国的关税水平比发达国家要低。

2. 关税的保护效应

（1）保护效应的内涵

自贸试验区背景下，征收关税会使得进口商品在进口国家市场中的价格出现一定幅度的上升，而国内生产者会因为进口商品价格的上升不断增加商品的供给数量，从而达到关税对国内产业提供保护的效果。我们称这种效应为关税的保护效应。关税的保护效应有着很长的历史，在资本主义生产方式建立初期，关税的保护效应就被人们重视，随着资本主义经济的发展而逐渐得到深化。恩格斯曾经提出，任何一个国家或者民族，一旦被剥夺了工业，那么这个国家或民族就会被认定为是单纯的庄稼汉的集合，也就不能够与其他的民族文化并驾齐驱，所以他们就会以私人的商业利益服从于民族需求为目的，用高额的关税来保护他们的新生工业。一般来说，关税是公认的最为合法的经济保护手段，尤其是发展中国家，十分重视对幼稚产业的保护。也就是说，在一个国家的基础产业处于发展的初级阶段，很可能会因为受到发达国家成熟厂商的直接竞争而夭折。为了使这些幼稚产业尽快地进入成熟阶段，需要对同类的国外产品征收关税，进而提高进口产品的价格。其目的，一是削弱进口产品在国内市场的竞争力，以保护本国产品能够在较稳定的市场环境中生存和发展；二是维持国内同类产品的市场价格，鼓励国内相关产业发展，最终实现国内幼稚产业的稳定发展。

（2）保护效应的经济分析

1）保护范围分析。关税的保护效应与财政效应相似，也需要有衡量标准，这是因为适当的关税税率是保证关税保护效应正常发挥作用的前提。在国内，不同的企业在生产技术、经营效益等方面存在很大的不同，一些企业因为引进了国外先进技术，生产水平得到较大提高，它们对关税保护效应的需求较小。然而，这些企业毕竟是少数，大部分企业技术落后，这时国家需要提升这类企业的生产技术。在关税水平较高的情况下，落后企业急需通过关税的保护效应来提高自身的发展能力。在高关税水平的保护下，虽然高技术水平、低生产成本的状况会使这些企业得到更为丰厚的利润，却阻碍了企业的技术进步。相反，关税水平较低，就会使那些濒临淘汰的企业陷于困境，即使得到先进企业的帮助也不可能与那些拥有先进技术的外国企业竞争，从而使它们退出国内市场。所以，制定合适的关税水平是十分必要的，唯其如此，关税的保护效应才能得到有效发挥。关税的保护效应是在一定的生产成本的基础上实现的。生产成本较低的先进企业对关税保护的要求较低，而生产成本较高的落后企业则更需要高关税的保护。

2）局部均衡分析。在自贸试验区背景下，关税保护效应的局部均衡分析也需要区分贸易国家的规模。对于贸易小国来说，对比关税财政效应下的局部均衡分析可以知道，在自贸试验区背景下，进口国家以 P_1 价格进口商品及货物，设定进口贸易小国的国内需求量为 Q_1，国内供给量为 Q_2，那么进口商品的数量就是 Q_1-Q_2，因为这时候的贸易小国的进口商品的数量对于国际市场价格几乎没有影响。也就是说，在该贸易小国对进口商品征收非禁止性的关税 T 时，国际商品的市场价格仍然可以保持 P_1，但是国内商品的

价格就会从原来的 P_1 上升到 P_2（$I+T_1$）。这主要是因为国内生产者会因商品价格的上涨而获得更多的利润，也就会更愿意提供较多数量的商品，这时候国内的供给量就会从原来的 Q_2 上升到 Q_4，而此时生产量的增加值就变为 Q_4-Q_2。这一系列的供给需求、数量价格的变化就是贸易小国关税对于本国产业的保护效应。从一定意义上来说，关税的保护效应对于国家的经济发展很重要。

如果在自贸试验区背景下，贸易国家为贸易大国，由关税财政效应的贸易大国局部均衡分析图可以知道，设定商品的均衡价格为 P_1，那么出口国家国际生产量为 Q_1，国际需求量为 Q_2，而贸易大国的出口量为 Q_1-Q_2；同时，设定国内生产量为 q_2，国内需求量为 q_1，那么进口的需求量就是 q_2-q_1。在贸易大国对出口商品征收非禁止性的关税时，设定关税税额为 T_2，当国内市场商品的价格上升到 p_3 时，商品价格水平就会使国内的生产者愿意提供更多的商品，从原来的商品数量 q_2 开始增加到 q_4，而这个增加值 q_4-q_2 说明贸易大国的关税保护效应发挥了很好的作用。

总之，无论是贸易大国还是贸易小国，在关税税率不变的情况下，关税的保护效应能否正常发挥作用与进口国家的国内市场供给弹性有关。也就是说，如果进口国家的市场供给弹性较大，那么关税的保护效应就会发挥更大的作用；反之，就会发挥较小的效应。

（3）关税保护效应的国际影响

在自贸试验区背景下，发达国家已经建立了相对完备的工业体系。在工业化之初，各国为了争夺国际市场，展开了激烈的经济竞争以及关税斗争，其中制定极高的关税税率就是为了设置关税壁垒。就美国而言，关税保护效应的平均关税税率在 30%～50%区间波动。1842 年到 20 世纪初，关税的保护效应被过度地运用，其目的就是帮助资本主义国家在经济发展的初期发展国内工业。然而过高的关税壁垒也限制了各国间的经济合作，使国际贸易竞争愈加激烈，给世界经济带来了极大的负面效应。例如，1929～1933 年的世界性经济危机就是关税保护效应过度的表现。在经济危机发生之后，发达国家（如美国）认识到过高的关税保护效应对于世界经济的不利影响，从中吸取教训，开始逐渐降低本国的关税税率。1934 年，美国将进口关税税率降低到 13%，20 世纪后期又降低到 5%左右，这样一种循序渐进降低关税税率的做法有助于世界各国稳定经济。

但是，降低关税税率的做法并不意味着关税的保护效应就不起作用，相反，发达国家更加重视经济贸易的发展，在降低关税税率的同时，竭力提升关税的保护效应。通过提升关税的保护效应，发达国家的工业体系发展得更加稳固。关税的保护效应对发展中国家也极其重要，许多发展中国家在半殖民地、殖民地时期，在经济上丧失了关税主权，受到帝国主义的残酷剥削，这些发展中国家独立之后，虽然能够独立地发展本国经济，但是国内的工业体系根本不能对抗发达国家的激烈竞争，所以格外重视国家关税的保护效应，为工业体系建设创造条件。联合国贸易和发展会议的调查发现，20 世纪中后期，40 多个发展中国家的平均关税税率在 30%左右，而关税税率水平达到 35%的发展中国家有 14 个，关税税率在 10%以下的几乎没有，这说明关税的保护效应对发展中国家的经济发展至关重要。既不能忽视关税的保护效应给本国经济带来的负面效应，也要通过稳定关税保护效应的措施来促进本国经济的发展。

（4）我国关税保护效应分析

在自贸试验区背景下，我国的关税政策主要是为了保护国内的工业体系。在中华人民共和国成立初期，因为经济处于全面恢复阶段，要想建立一个独立自主的工业体系，需要引进大量的机械设备，同时实行高关税保护政策来消除资本主义国家成熟产业对我国国内新生工业体系的破坏性影响。此时我国的平均关税税率高达53%，直到1995年，我国的平均关税税率才逐渐下调，保持在30%以上。这种高关税政策一方面保护了国内产业的蓬勃发展，另一方面也制约了对外交流的发展。20世纪90年代中期，我国的内向型保护关税政策开始转变为开放型保护关税政策，尤其是加入WTO之后，关税水平更是一再下降，到2010年已经降低至9.8%。在这样的关税水平发展趋势下，设立自贸试验区主要是为了在借鉴国际成功经验的基础上，实现降税承诺，提升关税对工业体系的保护效应。

我国将关税的有效保护设定为一种产品在国内加工之后产生的增值的差额与国外加工产生增值之间的比值，即$[(V'-V)\div V]\times 100\%$，其中$V$为在自贸试验区背景下产品加工的增值，而$V'$为在实施关税保护政策下产品加工的增值。我国各个行业的名义利率和实施关税保护政策之后的保护率是不一致的，因为部分行业已经完成了关税的有效保护。农业、烟草制造业、纺织品制造业等领域的关税保护较强，关税有效保护率也较高，但是食品加工业、纸制品制造业等行业的关税有效保护率较低，所以，我国的关税有效保护与发达国家还存在一定的差距。

物极必反，过度的关税保护政策会损害我国相关产业的发展。恩格斯曾经提出："关税的保护政策就好比是一个无穷的螺旋，你永远不知道什么时候会转到头，所以，你保护一个工业部门，也就会间接地损害另一个工业部门，这是必然产生的规律。"因为过度的关税保护导致的本国产业倒退的情况也数不胜数。19世纪后期，美国因为过度的关税保护，严重损害了造船业和航运业的发展。值得注意的是，过高的关税水平还容易导致走私的猖獗。1995年之前，我国对大部分商品采取高关税保护政策，主要目的是增加政府的财政收入，但是也为走私带来了丰厚的利润，因此造成了巨大的损失。由此可知，过度的关税保护并不能保证国家经济稳定的发展。

3. 关税的调节效应

（1）调节效应的内涵

在自贸试验区背景下，关税除了具有财政效应和保护效应外，还需要发挥调节效应来稳定经济活动。关税的调节效应就是通过一定的关税政策以及关税制度来影响一个国家的经济活动，使整个社会的经济资源能够经过重新组合得到合理的利用。关税的调节效应主要表现在关税具有对经济结构、贸易条件以及收入分配的调节作用。首先，关税的经济结构调节主要是针对国内的生产和消费来说的，调节的是生产要素以及资源的流向，通过各种调节手段对不同的产品、不同的行业以及产业进行重组，从而起到更好的经济效应。其次，关税的贸易条件调节主要针对征收关税的进出口国家的贸易条件的影响。马克思曾经提出，关税对贸易条件的调节效应说明了关税在参与国际经济的资本争斗中起着重要作用，是国际经济资本争斗的重要武器。所以，保护关税制度是将一个国家的资本武装起来，进而积蓄能够与其他国家进行资本争斗的力量，不断地加强反对国外资本的能力。关税及贸易总协定、欧洲经济共同体以及后来出现的关税同盟，都体现了自贸试验区背景下，关税的调节效应对于国际经济合作的重要影响。最后，关税的收入分配效应主要针对进出口商品价格，通过调节社会各类型成员的收入分配来重新分配收入格局，通过对生产者剩余和消费者剩余的分配，调节各阶层的收入水平。生产者剩余主要代表的是生产者的利益，具体是实际得到的价格和意愿价格的差额，而消费者剩余主要代表的是消费者的利益，具体是消费者的意愿价格与实际支付价格的差额。总之，关税的调节效应能够对一个国家经济的各个层面起到调节作用，尤其是在设立自贸试验区之后，对关税政策的选择起着重要的作用。

（2）调节效应的经济分析

关税调节效应的经济分析与关税财政效应、保护效应类似，贸易国家的规模是主要的区分点。针对贸易小国来说，关税的调节效应主要是当进口国征收关税使国内的商品价格上升至 P_2，国内生产量就会上升至 Q_4，那么生产量的增加就会是 Q_4-Q_2，贸易小国的国内生产要素以及综合资源的使用就会更大限度地流动至关税的应税产品生产中，再进一步地影响国内企业的投资机构以及国家经济发展结构。而通过关税的贸易条件调节效应就会在贸易小国征收关税之后，使进口量相对减少，即（Q_1-Q_2）-（Q_3-Q_4），而这个进口数量的减少会显著影响国际市场上的供求关系，但是不会对商品的国际价格产生影响，所以在贸易小国并不会产生较大的关税贸易条件效应。

从关税的收入分配调节效应上看，在自贸试验区背景下，国内外商品市场的均衡价格定为 P_1，贸易小国的消费者剩余在图 1-1 中显示为△KAP_1 的面积，而生产者剩余则表示为△CP_1J 的面积。从总体上看，贸易小国在征收关税之后，国内商品的价格会上升至 P_2，得到的关税收入为四边形 $BFGH$ 的面积，从征收关税的行为上看，部分的消费者受益会通过转移成为生产者的收益和政府的收入，这便是贸易小国关税收入分配调节效应的结果，从总体上看，它对贸易小国的经济发展有着重要的促进作用。

当贸易国家的规模被定义为贸易大国时，其关税调节效应的贸易大国模型从关税对经济结构的调节效应上看，进口国家的国内生产量会从原来不征收关税时的 q_2 上涨为征收关税时的 q_4，国内生产量的增加值 q_4-q_2 会使国家资源配置的总量发生变化，对国内的经济结构也会进行调整，此时出口国家的市场商品的产量会由征收关税前的 Q_1 不断减少，使征收关税之后的产量变为 Q_3，最终使出口国家的经济结构得到调整，这便是关税对一个国家经济结构的调节效应。从关税对贸易大国的贸易条件的调节效应上看，贸易大国在征收关税之后，调整国内市场商品的价格至 P_3，出口国家的商品价格会下降至 P_1，而 P_3-P_1 就会成为进口国家征收关税的总额。但是与贸易小国的模型相对比可以知道，贸易大国在征收关税之后国内商品价格的上涨幅度远不如贸易小国的上涨幅度大，这主要是因为出口国家会将商品价格的下降部分抵消贸易大国征收关税之后在国内市场上由生产和消费产生的不利影响，也就是图 1-2 中四边形 $GHJK$ 所代表的面积，它表示的是贸易大国在征收关税之后因贸易条件发生改变最终得到的贸易受益，在一定程度上对于贸易大国的经济发展有积极的促进作用。从贸易大国征收关税的收入分配调节效应上看，由于国内商品价格的上涨，进口国家消费者剩余减少了，生产者剩余反而增加，最终贸易大国会获得一定的政府财政收入。另外，因为生产者剩余的增加以及部分关税收入是从部分消费者剩余的减少中获得的，与此同时，贸易大国在征收关税之后不仅会引起国内收入分配的结构发生改变，还会在一定程度上影响出口国家的收入分配情况，甚至会因为征收关税的情况使收入分配在两个国家之间相互转移，最终促进两个国家的经济发展。

（3）关税调节效应的国际影响

1）关税贸易条件以及经济结构调节的国际影响。关税的调节效应在国际上主要表现为两个方面，首先是利用关税进行资本争斗。在国际上表现较为严重的如在 17 世纪英国和荷兰爆发的三次关税战争，从根本上来说，就是关税的调节效应发挥不当引起的。当时荷兰拥有较为发达的航海事业，成为英国最大的竞争者，而英国在 1651 年为削弱荷兰海运的竞争优势，制定了一系列针对荷兰的关税政策，这些政策的实施限制了荷兰海上运输事业的发展，损害了荷兰的利益，因此在关税政策颁布的下一年便引发了英国和荷兰之间的关税战争。随后 1665 年和 1672 年因为同样的原因两国爆发了第二次和第三次关税战争。另外，英国和法国之间的关税战争也连续不断，1815 年英法关税之战的起源就是法国在 18 世纪末期颁布了关于利用高关税阻止英国商品进入法国国内的法令。在这次关税之战后，英国的工业品大量进入法国，对法国民族工业的发展构成了一定的威胁，因此法国在之后的几年采用了高关税的策略，在 1822 年关税税率竟达到 120%。这一方面保护了法国的民族工业，另一方面也阻碍了法国对外来产品的吸收，这种情况直到 1860 年《科布登-谢瓦利埃条约》签订之后才宣布结束。值得注意的还有，1893 年俄国要求德国在输出谷物时应该给予奥匈帝国进口谷物同样的关税优惠政策，当时德国并不同意，因此俄国便对由德国输入的商品货物实行高关税政策，而德国也调整了由俄国输入的商品货物的关税附加税，高达 50%以上，在关税战争持续了一年之后，双方因为同时遭受经济损失最终妥协言和。

综上所述，19 世纪前期，资本主义世界经济危机大部分是因为关税调节效应不当引发的，各国为了转嫁自身危机，相继设定了高关税壁垒，通过提升关税税率使国际贸易额大幅度降低，这在一定程度上阻碍了世界经济贸易的发展。

当然，关税调节效应促进各国经济合作的例子也数不胜数。关税协定曾经作为促进区域经济合作的有效措施被各国广泛运用，在关税出现的早期，1547 年英国政府就提倡英格兰和苏格兰建立关税同盟，以此来促进两地区的经济发展。1850 年，加拿大的各个省区就食品和原材料的生产问题达成了自由贸易协定，同时作为一个关税的贸易联盟，不断加强与有关贸易国家、贸易区域的合作，并在 1854 年与美国签订了关于消除自然资源产品全部进口关税的互惠条约，这对于国家之间利用关税协定促进经济发展具有重要的推动作用。1818 年，普鲁士通过签订一系列双边条约，逐渐取消了德意志各邦国之间的关税，建立了多个关税同盟，不仅促进了德意志各邦国之间的贸易往来，也带动了德意志的经济繁荣。在欧洲其他地区，关税同盟的成功案例很多：1775 年，奥地利与相邻国家建立了多个关税同盟；1874 年，瑞典与挪威建立了关税同盟；1921 年，比利时和卢森堡建立了关税同盟，促进了两国经济的发展。

2）关税收入分配调节效应的国际影响。在关税的收入分配调节方面，最为显著的影响就是为了保护国家生产者集团的利益，而最终损害消费者的利益。因为消费者一方面要将收入的一部分作为补贴给予生产者，另一方面则将收入的另一部分作为税款上缴政府。

为了长远的经济发展，政府不仅要对本国的幼稚产业进行保护，一定时期本国消费者也应该做出牺牲，但是一旦幼稚产业得到发展，消费者就应该得到补偿，这也是政府保护本国幼稚产业取得成功的重要标志。发达国家在关税收入分配调节方面的影响主要表现在：一方面，发达国家在征收进口关税时，在收入分配的影响上具有明显的累退性，也就是说，大量的关税负担会落在低收入者的身上，其主要原因是发达国家所保护的产业主要为纺织服装、食品、汽车等产业，而低收入者总收入的大部分适用于日常消费品的消费，所以低收入者的大部分收入主要以关税的形式被吞噬。根据美国联邦储备银行的调查，美国在服装、汽车等方面征收关税或者实施进口配额和资源出口限制，都将导致商品价格上升。另一方面，发达资本主义国家在征收进口关税时，关税收入分配的影响还表现在谁会在关税的征收中最终受益。大多数经济学家认为，政府在向使用高速公路、桥梁以及汽油者征税时，一般最公平的情况是谁从使用道路或者使用汽油中获益，谁就应该纳税。但是因为征收关税的情况大有不同，大部分消费者属于非关税的纳税受益者，而生产者则是关税的直接受益者，最终的结果就是纳税者不受益，受益者反而不纳税。这种导致关税收入分配效应不正常的情况在国际上出现的例子数不胜数。总之，为了保证关税调节效应的正常发挥，需要与关税的财政效应和保护效应配合，从贸易国家的实际出发制定关税政策。在自贸试验区背景下，我国应尽可能地选择促进国家经济快速、稳定发展的关税政策。

（4）我国关税调节效应分析

设立自贸试验区之后，关税汇率制度的选择很重要，关税政策的调节效应对国际经济贸易的发展是必不可少的。关税调节效应的发挥主要表现为通过开展国际关税斗争，保护我国经济贸易的发展。我国在第一次进行进出口关税调节时，便根据不同的情况实行普通税率和最低税率制度，利用关税的贸易争斗，保护我国对外经济贸易事业的发展。近年来，因为中美贸易摩擦的不断加深，加剧了贸易争斗，围绕中美贸易市场准入的问题成为争论的焦点。因为美国曾多次以百分百关税威胁中国，中国也提出了百分百关税与之对立，这在一定程度上提升了中国的国际贸易谈判地位，也间接地促进了谅解协议的成功签订，避免了中美贸易关系的进一步恶化。另外，中国建立了自贸试验区之后，便努力逐渐改善我国的国际经济贸易关系。在 20 世纪后期，我国第四次降低关税不仅推动了亚太地区自贸试验区以及投资制度的建立，也加快了我国加入 WTO 的脚步。加入 WTO 之后，我国积极促进自贸试验区的发展，采取协定关税的优惠政策，以调节对外贸易关系，创造良好的国际贸易环境。关税调节效应对关税政策扩大外资具有重要影响，我国在改革开放之后努力吸引外资，相继出台一系列关税优惠政策，改善了国内外的投资环境，也间接地改善了生产经营条件，在潜在市场吸引了大量的廉价劳动力。另外，大量的关税优惠政策也拉大了我国各地区的差距。在关税优惠政策的实施下，我国沿海地区的经济发展迅速，但是中西部地区因为经济基础差，关税的优惠政策后劲不足，这种差距也就逐渐拉大。

三、关税政策的影响

1. 关税减让政策对进口贸易的影响

我国加入 WTO 之后，实施了关税减让政策，对我国的进口贸易产生了较大影响。通过研究发现，关税与进口贸易额之间的关系呈现高度的负相关。在影响我国进口效应的因素中，关税成为主要因素，但并不是唯一因素。而关税减让政策的实施使我国的进口商品结构发生了改变，因此优化进口商品结构成为主要的辅助关税政策和调整关税政策的途径。我国在国际贸易发展迅速的同时，对关税减让政策的承诺也采取了进一步的实际措施，尤其是在减让步骤、减让幅度、减让期限等方面做出了具体的规定。

（1）关税减让政策的承诺

我国在实施了一系列贸易投资自由化改革之后，关税的减让政策成为一项重要的义务。我国名义关税的结构变化主要有以下几个方面：一是工业品的关税减让以及非关税壁垒的取消；二是针对农产品的平均关税税率的下调，制定对大宗进口商品属性关税配额管理制度；三是针对开放服务部门的市场准入政策，我国在加入《信息技术协定》之后，逐步取消了关于信息产品的关税。关税减让政策的承诺成为贸易自由化的重要基础，也是我国加入 WTO 之后进行谈判的重要议题。

（2）关税减让政策的局部均衡分析

因为我国的进口贸易量较大，关税税率变化对于国际市场的影响也较大，所以假设我国为贸易大国，实行了关税减让政策之后，不仅会降低我国国内的市场价格，也会促进国内需求以及进口需求的增加，而进口量的增加也将使国际市场价格上涨。所以，我国的关税减让政策是具有双重影响的，我们可以通过图 1-3 对关税减让政策进行局部均衡分析。

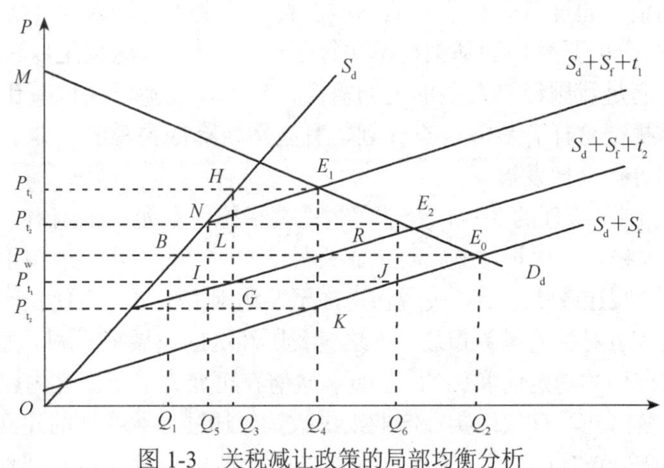

图 1-3　关税减让政策的局部均衡分析

假设我国为贸易大国，图 1-3 中我国对商品 a 的需求用 D_d 表示，S_d 为国内商品的供给曲线，S_f 为国外出口产品的供给曲线，那么 S_d+S_f 为我国国内市场的商品总供给曲线。通过分析可以看出，在自贸试验区背景下，市场均衡在 E_0，国内产品生产量为 Q_1，消费量为 Q_2，那么商品的进口数量为 Q_1-Q_2，假设我国原来征收的进口关税税额为 t_1，世界商品均衡价格为 P_w，按照这种进口关税额度，均衡点会上移到 E_1。

关税减让政策的局部均衡分析可以解释关税的以下经济效应：首先，关税的消费效应是因为国内市场价格降低，从而使消费者受益。在实行关税减让政策之前，消费者剩余是 $\triangle ME_1P_{t_1}$ 的面积，实行关税减让政策之后，消费者剩余扩大为 $\triangle ME_2P_{t_2}$ 的面积，那么消费者剩余增加的就是四边形 $P_{t_1}E_1E_2P_{t_2}$ 的面积。其次，关税的生产效应也可以从图 1-3

中看出，在国内价格下降之后，生产者剩余明显减少，尤其是在关税减让政策实行之前，生产者剩余是$\triangle P_{t_1}HO$的面积，实行关税减让政策之后，$\triangle P_{t_2}NO$的面积表示生产者剩余，而四边形 $P_{t_1}HNP_{t_2}$ 面积表示生产者剩余的减少数。最后，关税的财政收入效应也可以从图 1-3 中反映出来，关税减让政策实行前后，财政收入可以分别表示为四边形 HE_1KG 和 NE_2JI 的面积。

（3）关税减让优惠政策的相关意见

自贸试验区背景下，关税减让优惠政策的实施对于我国进口额的影响较为显著。关税具有较强的调节作用，是增加我国进口额的关键因素，但是对进口商品结构优化起的作用并不大，因此，我国的进口贸易商并没有凸显出完全的优势。为了更好地削弱贸易进口劣势的影响，在实行关税减让政策方面应该做到以下几点。

1）政府应该在经济管理上实行开放式经济政策。只有在经济管理上更加开放，才能够从我国国内市场的实际出发，立足于当前的国际形势，真正地发挥市场的资源配置作用，真正地依靠市场来调节经济发展，优化国内资源的配置，政府才能够在企业自主经营的前提下进行正常的宏观调控。在国内、国际市场的共同作用下，只有优化进口商品的结构，尤其是加大对于幼稚产业的扶持力度，或者是对已经进入壁垒的行业实行关税减让的优惠政策，才能保护国家命脉行业的生存和发展。

2）在国际新形势下，不断深化关税制度的改革。我国加入 WTO 之后，一直致力于对关税政策的调整，通过对关税税率的下调，真正兑现了在加入 WTO 时做出的承诺。我国对将近 4000 个重要税目的基础税率实行了最惠国税率，这也足以说明深化关税的制度改革不仅能够满足我国经济发展的迫切需要，也可以逐渐以关税减让承诺为契机向国际规范的章程靠拢，这样有步骤、有计划、有区别地降低关税的总体水平，可以使我国的对外贸易更加可持续地发展。

3）尽可能地制定合理的关税以及非关税壁垒措施，在允许范围内，实行灵活的、有效的、隐蔽性的关税贸易保护措施，防止非关税壁垒的产生。我国现在正处于社会主义初级阶段，实行关税减让政策之后，关税水平降至发达国家水平，会使我国的国内工业完全暴露在具有强大竞争对手的世界市场中，这对我国经济的发展很不利。关税减让政策应该是为了维护国内市场的稳定而实施的，因此，政府在可允许的范围之内应尽快制定完善的关税及非关税壁垒措施，有效地实行产业组织政策，加强行业规划的建立。

4）我国在加入 WTO 之后，需要不断完善法律结构，尤其是对涉外经济法的完善。无论是在国家贸易实力方面还是在关税体制改革方面，我国与发达国家还存在一定的差距。当前我国倾销和反倾销的问题愈加严重，这已然成为对外贸易发展的绊脚石。针对这种不正当竞争手段，政府应该建立完善的保障措施，在国外产品的不正当竞争给国内产品造成严重损害的时候，需要借助法律手段进行补救。除了进行积极的投诉之外，我国需要尽快地完善反倾销、反补贴的立法体系，从体制改革和机制保障上维护我国国际贸易的合法地位。

2. 零关税对进出口贸易的影响

（1）进出口幅度上涨，规模扩大

我国加入 WTO 之后，降低的关税及非关税贸易壁垒使我国的对外开放进程逐渐加快，对外开放进程的加速推动了我国进出口贸易事业的发展。调查显示，2009 年之前的几年间，我国的进出口量平均增长了 20%以上，而 2010 年进出口幅度再次得到提升，2016 年我国的进出口贸易总额将近 3.7 万亿美元，已然成为世界第二大贸易国家。当前，现代市场初级产品的价格突飞猛涨，也间接地影响了我国进出口的规模，尤其是在实行零关税政策之后，我国的进出口贸易逐渐与世界接轨，也逐渐地影响着世界市场，我国进出口贸易规模正对世界经济的复苏起着提升的作用，这也有利于改善我国对外贸易的国际环境，不断促进国内产业结构的升级。

（2）产业结构升级，新能源、新技术促进进口贸易

零关税优惠政策实行之后，我国进出口贸易往来逐渐融入国际市场。与国内的经济发展水平相比，市场化的内部改革也反映了我国对外贸易的政策。面对国际化步伐的加快，我国对各项进出口政策进行了调整。为了更加适应国际市场、促进产业结构升级，政府将对外贸易进行分类管理，逐渐形成零关税的国际贸易环境，使外资企业与国内企业享有同等的待遇，这更加有利于我国国内市场的发展。另外，零关税优惠政策不仅促进了产品结构的优化升级，也使国外更多的先进技术、新能源融入我国市场。随着这些高新技术和新能源产品的增加，我国劳动密集型机电产品逐渐减少，出口贸易额也得到了提升。零关税政策使高新技术进口额增加，这在一定程度上满足了我国的工业化发展的要求，新进出口政策加快了初级产品的进口，为我国的贸易顺差创造了条件。

（3）进出口商品的多元化发展

实行零关税政策之后，自贸试验区逐渐形成较为理想的进出口贸易环境。由于我国增加了新技术的进口额，也优化了出口贸易的环境，因此促进了国际化市场的发展。零关税政策下进出口商品的多元化发展，促使我国的进出口对象逐渐向发展中国家转移。加入 WTO 之后，我国进出口国家集中在北美地区、欧洲等，而现在零关税贸易措施的实施，使我国形成了较大的贸易辐射圈。数据显示，在 2001 年的进出口贸易中，欧美发达国家占我国的进出口比重高达 90%以上，在 2011 年却下降到 80%以下。随着我国对外开放步伐的加快，零关税政策的实行，我国对拉丁美洲、非洲等地区的进出口比重提升，我国的进出口贸易市场呈现多元化的发展趋势。

（4）零关税对我国进出口贸易未来形势的影响分析

我国加入 WTO 之后，进出口政策的调整使零关税政策在极大程度上提升了我国对外进出口贸易的速度，我国逐渐成为世界第二大经济体。然而世界是变化的，世界一体化趋势的加强使我国的进出口政策得到相应调整。

1）零关税政策将对我国的能源资源进出口贸易构成一定的威胁。这主要是因为我国的食品类以及能源类产品的进口额逐年增加。在我国实行零关税政策之后，外资企业不断扩张，也严重威胁我国国内的相关产业。在当前经济形势下，部分国外企业依据自身资源形成国际垄断市场，任何价格的调整都有可能影响国内企业的未来发展，对我国国民经济的发展也会产生一定的冲击。所以在对外经济贸易步伐逐渐加快的背景下，不仅需要提升国内企业竞争能力，同时也需要重视零关税带来的潜在风险，建立预警机制，合理调整我国进出口税率，提升进口的便捷程度，充分利用 WTO 规则，抵制国际垄断行为，加深与政府和商会的沟通，建立合理完善的科学信息库，及时更新市场信息。

2）不断完善我国的高新技术的进出口策略。我国目前不断降低贸易关税和贸易壁垒，在一定程度上加快了国内企业的优化升级。但从进口国家自身经济利益上考虑，对高新技术的进口数额进行遏制，也是基于进口国家安全的考虑。我们可以通过限制核心技术的转让，降低和取消关税以消除进口国家的威胁，逐渐打破高新技术的封锁。另外，也可以通过建立专项基金来吸引先进技术，加强对我国知识产权的保护，更好地促进我国高新技术产业的发展。

3）加强一般贸易项目的发展。因为国际全球化的趋势使我国的进出口贸易得到了很大发展，零关税政策的实行对于我国贸易结构的优化升级以及质量提升都有着极大的作用。然而在国际目前的贸易分工中，我国仍处于被动地位，加工贸易的经济地位和经济利益并不高，而这种动力却更多地来自外资协助。跨国公司成为全球资源配置的关键因素，在一定程度上加工贸易会过多地耗费能源，并对环境造成一定的污染，这对一个国家来说，如果没有较强的善后能力，是很难办到的。目前而言，我国的加工贸易产业处于最终产品的组装以及对零配件的配套生产阶段，缺乏技术含量，产业链基础薄弱。因此，我国在对外贸易发展中应进一步加强对一般贸易的深化改革，扩张加工贸易的规模，利用关税利率措施的实施，对加工贸易的增长速度进行合理的调控，对高尖端加工贸易技术进行大力扶持，激励新技术的开发和生产，为我国创造更多的社会财富。

综上所述，零关税政策的实行对我国对外贸易有着直接的影响，对于我国进出口贸易结构的提升有着巨大帮助，同时也刺激着我国国民经济的增长，加快与世界市场接轨的步伐。

3. 改进我国关税政策的措施

（1）准确定位关税的经济效应

1）为了改进我国在自贸试验区背景下关税政策的措施，必须弱化关税的财政效应。由于国际经济水平的提升，需要更多的国内税源，关税税率的下降也意味着关税收入在财政收入中的比重会下降。从国际先进经验中可以看出，过分地强调关税的财政效应不利于发挥关税的其他经济效应，所以弱化关税的财政效应符合世界经济发展的客观规律。保证国家财政收入的稳定，逐渐降低国家对关税的依赖程度，开拓内税税源，扩大内税税基，这对于关税经济效应的发挥也是有利的。

2）准确地发挥关税的保护效应。我国是发展中国家，从我国的工业化水平的发展程度来说，工业发展还处于初级阶段，这就需要发挥关税对幼稚产业的保护作用，进一步优化关税结构，借鉴有效保护理论以及国际上的先进经验，从原材料、中间产品以及最终产品上保证关税结构的合理化。此外，还需要制定合理的关税税率，发挥我国关税在对外开放和经济发展中的积极作用，保证合理的关税税率在 0～15%。例如，我国目前还存在降税空间的产业，如能源产业、烟草加工产业、食品制造业、汽车产业、纺织产业、高科技产业以及高档消费品产业等，对于其中的幼稚产业，要提升关税的有效保护率。还应注意的是，关税政策的制定应该服从于产业政策，在利用关税手段保护本国产业的同时，也应该以国内产业保护为主，以关税手段为辅。当前在社会市场经济的发展体制下，仍然存在一大部分新兴和幼稚产业，它们在生产工艺、规模效益、管理方式上都还不能与发达国家相比，也不具备与发达国家进行市场竞争的能力，政府需要给予这些产业发展的资金基础、技术支持，以及比实施关税保护更加有力的提升自主发展的主动措施。

3）关注关税的调节效应。当前，我国经济受到国际经济局势的影响较为严重，自由贸易保护主义对于我国经济的逆势向上具有强烈的影响，我国对外贸易的持续快速发展，对于原有的国际贸易局势也有着一定的冲击作用。一些国家以各种借口对我国实行贸易歧视，以此来打压和遏制我国良好的贸易增长势头，这种就本质而言是一种贸易保护主义。例如，我国就因反补贴调查深受其害，这就需要发挥关税的调节效应与这种行为做斗争。利用关税对国际贸易关系的调节效应，不仅能够保障我国的合法权益，对于今后我国合理利用 WTO 规则，培养更加熟悉国际规则的贸易人才也具有深远意义。

（2）削弱关税的优惠政策的负面影响

在利用关税优惠政策进行自贸试验区背景下的贸易往来时，应适当地削弱关税优惠政策的负面影响。我国目前的关税优惠政策种类很多，所覆盖的面积也很大，各地区之间的经济差异造成了关税名义利率与实际征收率之间的差距，对关税的征管工作难度有所提升，因而大力削减关税优惠政策的负面影响势在必行。

1）规范关税的优惠政策，保证与国际惯例接轨的进度。目前，我国对外资企业的关税优惠政策间接地造成了国内企业的劣势，享有关税优惠政策的外资企业占据了超国民待遇的地位。因此在国内经济健康运行、产业健康发展的形势下，需要对外资运营设定一些限制，使外资企业处于国民待遇的范围内，从而促进公平竞争局面的形成，对市场机制的扭曲也可以起到修正作用，从而提升市场竞争效率，保证市场秩序。

2）给予外商投资实行长期的关税政策，由原来的全面关税政策转向产业倾斜的关税优惠政策，凡是投资于国家鼓励的行业和部门的外资企业都能够享受法定的优惠，凡是投资国家允许外资企业进入的行业都应该实行国民待遇原则。此外，将沿海地区的投资优惠转向不发达地区的优惠，以减少沿海地区与中西部地区的差距，为了修正负面影响，将投资优惠更多地转向中西部地区，实施更加长期的关税优惠。值得注意的是，单一的减免税关税优惠已经不再适用于当前的经济发展，而多种优惠形式的采用，如税收减免、税收扣除、税收抵免、延期支付、优惠税率等，将更加充分地保证税收的经济杠杆作用的发挥。

3）建立科学、完善的关税征收制度，使我国的关税有效保护率和实际征收率之间的差距逐渐减小。2009 年以后，我国的关税征收管理制度逐渐恢复和发展，但是现行的关税征管制度已经不适用于我国的对外贸易水平。美国国际贸易委员会 2009 年对中国实行的反倾销、反补贴调查，也反映了我国的关税征管体制不健全。建立低税率、宽税基、征管严格的税收征管制度，在一定程度上可以增强纳税人的纳税意识，推动关税征管体制的改革。为了完善关税征收制度，必须大力整顿关税的征管秩序，营造公平、公正的关税征管环境，严厉地打击走私行为，将我国贸易工作重点放在对进口货物的审计和减免税货物的后续管理上；关税稽核制度的完善也要采取现场征管和稽查企业账簿相结合的手段，防止偷税漏税行为和走私行为的发生。

第二章　中国当前经济环境下关税政策研究

第一节　当前经济环境下的关税政策研究综述与分析

一、财政政策与经济增长关系研究综述

1929年世界经济危机爆发，如何促进经济复苏成为各国政府面临的首要问题。此次危机不仅开辟了政府干预市场的新道路，也使财政政策成为政府干预市场的主要手段，而财政政策包括财政支出、税收、国债和政府投资等。在通货膨胀时期，减少财政支出是实施消极财政政策措施的首选，而经济萧条时期则相反。财政政策对经济增长影响的有效性，一直是经济学界研究与争论的热点，本书就两者之间的关系进行综述，主要包括对财政支出结构、支出规模等方面的研究。

国外对财政政策与经济运行关系的研究比我国早，其理论观点较成熟，相关研究文献也较多。但是，随着全球经济的不断发展，经济形势的多变，出现不同的经济形势下不同的研究侧重点，且西方学者围绕二者之间是否存在显著关系的研究和争论一直持续到现今。其中具代表性的为古典经济学派的亚当·斯密（Adam Smith）和约翰·梅纳德·凯恩斯（John Maynard Keynes）。斯密认为，市场可以通过价格变动自动实现效率配置，即使产生产量和就业波动，也完全可以实现经济增长，并在其著作《国富论》中阐述“经济自由主义”的观点，认为在一国经济中政府要尽可能减少其自身的职能，尽量减少采用货币政策与财政政策干预经济运行，政府的财政支出应主要用于公共开支。斯密的“经济自由主义”的观点得到如大卫·李嘉图（David Ricardo）、巴蒂斯特·萨伊（Baptiste Say）等古典经济学派学家的支持。但是处于20世纪30年代经济危机中的政府摒弃了这一理论。这一时期，“执政者认为市场不能完全地进行资源配置，在政府的财政政策的干预下能更好地进行资源配置”。故此，“市场失灵”成为政府干预经济的理由。20世纪30年代初的这场经济大危机，为凯恩斯提供了施展才华打败古典自由主义学派的机会。凯恩斯发表于1936年的《就业、利息和货币通论》认为，有效需求不足是严重经济危机的根源，而单一的市场自动调节已经无法满足经济的有效需求，这就要求政府在经济运行过程中对市场进行全面干预和调节。相对于货币政策，凯恩斯认为财政政策更为重要，财政政策能通过“乘数效应”带动就业和产出的多倍增长，且财政政策比货币政策更能增加有效需求。但出现于20世纪70年代的“滞胀”现象给政府干预带来了严峻的挑战。

20世纪70年代出现的“滞胀”现象是凯恩斯主义无法解释的，此时，“新自由主义”学派应运而生，其中供给学派为其代表。供给学派认为，市场机制可以发挥应有的作用，进而反对政府过多干预。供给学派还认为，供给是需求的唯一可靠的源泉，因此，政府应该主要刺激供给而不是需求。也就是说，凯恩斯的“需求管理”政策被供给学派的“供给管理”主张所否定。供给学派认为造成“滞胀”的主要原因是高额累进税率，而赤字

财政往往会带来高税率，所以财政政策最有力的工具为减少税赋。只有减少税赋才能增加供给，进而从根本上提高经济效率。与此同时，供给学派还认为政府应大幅削减财政支出，因为减少税赋存在一定的时滞性，而只有减少开支才能有效地控制财政赤字，达到预算平衡。

基于理性经济人假设，以罗伯特·卢卡斯（Robert Lucas）为代表的理性预期学派认为理性人会利用所能得到的一切信息来对预期进行改善，政府政策将无法发挥预期的效应。他们主张政府应当制定稳定且简单易于接受和理解的财政货币规则，尽量消除政策的“时滞”效应，保持货币政策的平稳运行，消除通货膨胀的预期。以詹姆斯·布坎南（James Buchanan）为代表的公共选择理论则认为，新制度的产生是一个政治选择过程，政府干预并不是解决市场失灵和外部性问题的关键，关键在于制度本身，他们认为单一比例所得税的实施更加有利于经济平稳运行，因为统一的税率将能够消除投机动机，减少社会损失。但是共同税率效率低，不仅不能有效地激励个体向较低税率的国家或地区流动，还有可能造成政府滥用资本税。还有一些学者从经济增长的影响因素等方面展开研究，将政府支出分为投资和消费两类支出，通过建立内生经济增长模型，发现政府投资支出和消费支出对经济增长的影响。研究表明，只有税收水平较低时，政府财政支出与经济增长率才会呈正相关。税收水平达到一定高度后，政府财政支出与经济增长率反而呈现负相关。

1. 财政支出规模与经济增长的关联性

在财政支出与经济增长是否存在显著的相关性的研究中，学者所持有的观点并不一致。有些学者认为两者之间存在明显的正向关系，有些学者认为两者之间是反向关系，也有学者认为两者之间并不存在明显的联系。

例如，一些学者选取产出、投资、政府服务、人口、经济增长等指标和相关数据，应用时间序列面板数据分析方法，对世界 115 个国家的财政支出与经济增长的关系进行分析与研究，发现在低收入国家财政支出中，政府消费通过对私人部门的影响进而对经济增长产生明显的正向关联。后来又有学者选取 43 个发展中国家，实证分析了政府支出与经济增长的关系，选取这些国家 1970～1990 年的数据进行分析，发现政府财政支出特别是经常性支出与经济增长存在显著的正影响。大卫·艾伦·阿肖尔（David Alan Aschauer）在 1989 年通过新古典模型对内生经济增长的影响因素进行研究，发现了财政支出对经济增长具有强有力的支持作用。桑福德·格罗斯曼（Sanford Grossman）对澳大利亚的财政支出与经济增长关系进行了实证分析研究，发现财政支出增长 10%可以促使经济增长 5%，但由于财政支出增长导致的税收增长使经济增长降低了 2.6%，因而经济净增长为 2.4%，进而得出财政支出规模的扩大对经济增长具有积极作用的结论。然而一些学者对财政支出与经济增长的关系的实证分析与前面的结论恰恰相反，即二者呈现负相关。戈登·塔洛克（Gordon Tullock）为了进一步证实二者的相互影响关系，将样本国家扩展到 115 个，所得到的结论一致。当大部分学者争论财政支出规模与经济增长的关系是正还是负时，一些学者却发现二者之间不存在显著关系。例如，罗斯·莱文（Ross Levine）选取 119 个样本国家 1960～1989 年的数据进行研究后发现政府消费支出与人均真实国内生产总值（GDP）增长之间并不存在显著的相关性，他从另外一个角度对这个问题进行了实证检验，发现财政支出与经济增长的关系并不是稳定不变的，通过对 1970～1979 年 70 个欠发达国家数据的回归结果分析，发现二者关系呈现负相关，而 1980～1989 年，二者关系就不再显著了。

2. 财政支出结构与经济增长的关联性

有学者将美国财政支出分为高速公路支出、医疗卫生支出、教育支出、消防治安支出，收集 1964～1984 年相关指标数据并进行整理分析，研究发现不同类别的支出对经济增长的贡献存在差异。例如，教育支出和医疗卫生支出对经济增长的贡献并不显著，只有高速公路支出、消防支出、治安支出与经济增长呈显著的正相关。但也有学者对财政支出结构与经济增长关系问题进行研究时发现，通信支出和公共交通等对经济增长有显著的正激励作用，而教育投资和财政支出总量对经济增长却呈现副激励作用。又有学者将政府财政支出分为生产性支出和非生产性支出两大类，通过分析研究，发现增加生产性支出会促进经济增长，而非生产性支出与经济增长并没有明显的关联。从另一个不同角度将财政支出分为公共投资和公共消费两类进行分析，从学者的研究中发现，公共消费支出的减少会促进经济的增长，而公共投资支出的减少会阻碍经济的增长。西方学者更多地从财政资本性支出与经济增长关系的实证分析进行检验。例如，学者阿肖尔选取美国 1949～1985 年的相关数据，对基础设施投资与私人资本产能之间的关系进行了实证分析，研究发现二者存在正相关，证明了财政资本性支出可以促进经济增长。其后，学者威廉·伊斯特利（William Easterly）又针对此问题进行了类似的实证分析，通过研究发现通信与交通运输等公共基础设施的财政投资对经济增长有直接的影响作用。不过也有一些学者针对资本性支出与经济增长的相关性问题提出了不同的观点，他们通过实证研究认为两者之间并不存在显著的关联性。例如，学者道格拉斯·霍尔茨-伊肯（Douglas Holtz-Eakin）选取美国 48 个州公共产出与经济增长关系的面板数据，通过分析研究，发现公共资本的产出弹性几乎为零，说明两者之间并没有非常显著的相关性。我国也有部分学者以内生增长理论为基础，对政府财政支出结构与 GDP 增长的关系进行了实证研究，认为二者之间呈现正向关系，并且通过优化财政支出结构，可以进一步扩大影响效应。通过研究财政支出调整与其对经济增长影响的关系，将生产力低的投资调整到生产力高的领域，经济增长有更大的促进作用。例如，基础设施建设支出、教育支出和社会保障支出、医疗和卫生支出等方面的生产力较高，增加这些领域的投资能够有效地促进经济增长。

3. 财政支出规模与结构优化方面的研究

在一定情况下财政支出与经济增长的相关关系是非常显著的，财政政策的长期效果往往劣于短期。诸如挤出效应之类的不利影响就是在财政支出干预经济运行时所产生的。所以，在运用财政政策干预经济运行时，应当注意适度调整支出规模、优化支出结构，以保障经济长期稳定增长为前提。相对于政府性消费，政府更应该把财政支出倾向于教育培训以及支持科学研究等，进而达到促进人力资本的积累与技术进步的目的，减少政府财政支出的不利影响。

保罗·罗默（Paul Romer）在《收益递增经济增长模型》一书中提到，经济增长的动力以及源泉就是知识和技术研发，想要使经济长期稳定地增长，政府必须减少消费领域的支出，从而将更多的资金和力量投入投资领域中。还有学者认为教育开支与劳动所得税的收入呈正相关，教育开支的外溢性决定收费或者补贴的财政政策，但他的观点与新古典模型的观点有本质上的不同，他认为征收一定限度的资本所得税对经济增长有正效应。提供公共物品是政府的基本职能，如建设基础设施、社会保障、医疗以及教育等，因为公共物品的需求弹性大于 1，所以对这些领域的财政支出更有利于保障经济的稳定增长。这种把市场自行调节机制同政府政策干预结合起来，主张短期调节与长期发展结合起来，采用逆经济走向而动的相机抉择的财政政策即为补偿性财政政策。当经济萧条时增加财政投资，降低税率，促进经济复苏；当经济过度繁荣时减少财政支出，提高税率。通过实证分析方法论证，国内许多学者研究发现，适时的财政支出是政府促进经济增长的重要可行手段。运用财政政策所带来的经济效应与经济发展阶段有紧密关系。例如，经济处于上升阶段，财政政策的促进作用比较弱；经济处于衰退阶段，财政政策对经济增长的促进作用更明显。陈建宝和戴平生（2008）对 1985～2006 年人均财政支出和人均 GDP 利用协整和误差修正模型进行向量自回归分析 VAR)，得出结论：我国短期和长期的财政政策乘数分别为 2.13 和 4.99，且长期稳定。但是，国内一些学者认为财政支出与经济增长呈负相关。因为单纯依靠赤字财政政策可能会加剧经济波动，所以财政政策只是调节经济的手段，并不是拉动增长的方法。

4. 财政政策制定与经济增长的关联性

在不同历史时期，发达国家实施财政政策的侧重点有所差异，财政政策对经济发展发挥了一定作用，但也带来了许多问题。一般来说，较长的政策时滞会降低短期财政对经济运行调控的效果，而错误的政策时滞认识甚至会对经济波动起到放大的作用。财政政策联系着政府、个人与企业，只有充分考虑公众反应，财政政策实施起来才会更加有效。同时，由于地域以及经济发展水平的不同，财政政策的经济增长效应存在明显差异，同样的财政支出，经济发展水平较高地区的增长效应往往低于经济发展水平较低的地区。故此，为统筹经济发展，财政政策需重点向中西部地区倾斜，进而实现中西部地区经济协同发展，缩小中西部经济差距。在支出上，财政政策要进一步区分和明确中央和地方政府的权利、义务和责任。财政政策要符合当前建设创新型社会主义国家以及建设支持创新型的财政体系的要求。不断优化财政支出结构与规模，以实现最大社会收益为目标。选择财政支出的最基本目标以及要求，首先是转移支付要符合公共利益；其次，预期收益至少要超过预期成本；最后，社会净收益最大。基于以上三点确定最适合政府支出的方案和决策。例如，之所以在我国“十二五”以后淘汰原有的财税制度，实行分税制改革，是因为我国“十二五”以前的财税制度是基于 1994 年的财税改革建立起来的，随着经济的不断发展，其已经不能满足当时经济的发展需求。这一点在中国社会科学院财经战略研究院发布的《“十二五”时期的中国财税改革》和《世界主要国家财税体制：比较与借鉴》报告中有所体现。

一般来说，财政政策包括收入和支出两个方面，财政政策调控经济的手段包括税收、财政赤字等，相对于经济程度的高低情况，财政政策又可分为紧缩的财政政策和宽松的财政政策。紧缩的财政政策表现为提高税收以及减少支出；而宽松的财政政策则与之相反，表现为减税和增支。宽松的财政政策有助于经济增长，但同时也提高了财政赤字；紧缩的财政政策有助于防止通货膨胀，但却有碍于经济增长。财政政策应该追求平稳，这样才能维持经济平稳运行，尽管积极的财政政策有可能推动经济的暂时发展，也可能在调整产业结构上发挥作用，但是却是以挤出市场行为为代价的，操控不好甚至会以发生通货膨胀为代价。无论是积极的财政政策还是消极的财政政策，均是为了应对当时的经济环境而制定的，是为了资平当时经济的不平稳状态，应该属“非常态”之举。从长远来看，财政政策应该追求稳定的政策，宽松或者紧缩的财政政策仅是应对非正常状态的一时之举，一旦经济局势平稳，就应该实施中性的财政政策。否则，有可能人为制造和加剧经济运行的波动性。总的来说，各方观点都具有一定的合理性，但从国内外实证分析中可以看出，虽然财政政策对经济增长有一定的促进作用，但在具体的实施过程中要想发挥较好的效果，对经济组织的完备性、相关政策的配套性、政策实施力度的把握等都有较高的要求，否则，会在极大程度上影响政策效果。但是要准确判断我国的财政政策是否合理，财政支出是否对经济增长产生正效应，不仅要借鉴国外的研究方法，还要立足于我国国情进行进一步的分析。

二、货币政策与经济增长关系研究综述

货币政策同财政政策一样，也是政府进行宏观调控经济运行的政策手段。为应对经济波动，各国政府越来越重视货币政策反经济周期的作用。特别是在经济增长乏力时，政府通常倾向于实行扩张性的货币政策，以实现经济较快增长，但不得不面对通货膨胀的压力。为此，国内外学者非常重视对货币政策作用机理的研究，如货币政策对经济运行的影响是否有效，是通过哪些经济变量传导发生作用的。其中通过改变货币供给量，能够影响许多金融变量和经济变量，如利率、股价、房地产价格、汇率等。限制货币供给量会使利率上升、投资减少，进而会引起 GDP 下降和通货膨胀降低。如果面临经济下降，中央银行（以下简称央行）可以增加货币供给，降低利率，从而刺激经济活动。

1. 货币供给与经济增长之间的关联性研究

对于古典经济学秉持的货币政策中性观点，很多学者进行了检验，发现货币供给与经济增长存在一定关系。早期研究更多地采用了统计方法，如米尔顿·弗里德曼（Milton Friedman）通过研究美国的经济波动发现，经济繁荣时的货币累积存量中出现正的扰动成分，经济萧条时的货币累积存量出现负的扰动成分，短期内货币供应量的变化对经济波动具有影响。克里斯托弗·西姆斯（Christopher Sims）的研究比前者更具有意义，其发现货币供给的改变具有实际效果，即货币存量会影响实际产出，反之却无法成立，也就是说，二者并不存在双向因果关系。前期的统计分析表明货币供给与经济增长之间存在相关关系，不断有西方学者对这一问题进行更深入的计量经济实证检验，进而判断古典经济学对货币政策中性的判断是否成立。詹姆斯·托宾（James Tobin）认为短期内的货币供应量变动对产出波动具有影响。实证研究结论表明，短期内的货币供应量变动会对经济产生影响，长期则不显著。随着计量方法与工具的不断发展，越来越多的学者使用时间序列数据和协整方法研究货币政策有效性问题。弗里德曼对美国 1960～1990 年的数据利用计量方法分析得出了货币变量与收入及价格之间的稳定关系的结论。但也有国

外学者对货币政策效应的实证研究结论不尽一致，艾伦·布林德（Alan Blinder）建立了货币供应量指标与名义 GDP 之间的 VAR 模型，发现二者不存在长期稳定关系。诸多学者在此基础上进行了更深入的研究，有人将利率平价公式引入货币政策有效性的约束条件中，作为开放条件下对内部与外部宏观变量内在关系的描述，更准确地反映了货币政策对宏观经济运行的影响。弗朗克·斯梅茨（Frank Smets）和拉夫·武泰（Raf Wouters）等考察了汇率不完全穿越效应的存在对货币政策有效性的影响。总体来说，西方学者的研究实践表明，货币政策在很大程度上是有效的。国内关于货币政策与经济增长关系的研究更多地借鉴和学习了西方学者的理论与观点，对我国政策实践进行的实证分析较多，进而验证货币政策对经济增长的效应，得出了不同的结论。吴军等（2011）研究了广义货币供给与 GDP 之间的相关关系，并利用 1985～1996 年数据建立了模型，发现二者之间存在稳定关系。刘斌等（2001）认为，从较长时期来看，扩张性的货币政策对经济增长和物价上涨均具有明显的正向效应。李斌（2001）利用 1991～2000 年的季度数据建立了货币政策与货币供应量、信贷总量的时间序列模型，发现信贷总量和货币供应量与货币政策最终目标变量都有很高的相关系数，但信贷总量的相关性更大一些。杨建明（2003）运用 1986～2001 年的货币供应量、通货膨胀率和经济增长率的数据，建立了误差修正模型，运用协整检验发现广义货币与通货膨胀、经济增长之间存在长期均衡关系，但在短期内其关系并不稳定。郭明星等（2005）利用 1990～2004 年的 GDP 增长率和货币供给增长率数据，建立了向量误差修正模型，发现二者存在长期均衡关系。张丽丽和彭国富（2011）分析了金融危机后我国货币政策中介指标的货币供给量与经济增长之间的关系，发现实际货币供给量与实际经济增长之间有长期稳定的均衡关系。

2. 最优货币政策研究综述

西方一些学者对货币政策维护宏观经济稳定与社会福利最大化的有效性进行了量化研究。查德·克拉里达（Richard Clarida）运用历史数据进行拟合，推导得到的最优货币政策反应函数表明，二者吻合程度越高，货币政策有效程度越高。克劳斯·施瓦布（Klaus Schwab）等认为，最有效的货币政策操作能够实现宏观经济稳定，即社会福利损失最小，而货币政策“非有效”程度用实际操作对最优操作的偏离所导致的社会福利损失部分描述，“非有效”程度的减小意味着货币政策有效性的增强，并进一步将导致宏观经济稳定性的提高。托马斯·萨金特（Thomas Sargent）认为，货币政策的理想状态是经济稳定、工资达到纳什均衡、通货膨胀率为零。但针对现实中的工资黏性，央行应采取货币政策措施保持适当的通货膨胀率，以避免过多的失业率。

国内有学者基于 1990～2002 年的产出、货币、消费、价格和长期债券利率等数据资料，建立了货币政策传导机制的线性动力系统模型，模拟现实经济运行，对货币政策的制定具有指导意见。张曙光（2005）深入讨论了汇率升值的短期压力和长期压力，认为宏观经济失衡主要表现为实体经济和货币经济的两个双向循环和双向依赖，货币政策的制定要协调好短期压力和长期压力。宋玉华和李泽祥（2007）运用协整检验、脉冲响应和方差分解等方法，对我国各层次货币供应量与实体经济波动之间的内在联系进行了实证分析，发现货币冲击是导致宏观经济波动的重要因素。制定合理有效的货币政策，需要考虑稳定就业、促进经济增长、稳定汇率、控制通货膨胀等多个目标，但控制通货膨胀的目标与促进经济增长的矛盾很难协调，需要政府通过对未来价格变动的预测来抉择货币政策的目标。周源（2011）则认为，宏观审慎政策与货币政策目标协调具有必要性。总的来说，国内学者关于货币政策与经济增长关系的不同角度的实证研究都具有一定的合理性，结论对本书具有一定的参考价值。方先明等（2005）通过协整检验和格兰杰（Granger）因果检验，对货币供应量、利率、物价、GDP 等变量间关系进行了实证分析，得出我国货币政策整体有效的结论。吴金友（2011）针对我国货币政策的有效性进行了研究，采用协整检验和误差修正模型，以贷款利率、外汇储备衡量、货币供应量的货币政策对以就业水平、物价水平、GDP 为指标衡量的经济运行情况进行了实证分析，证明了我国货币政策是有效的。

货币政策作为重要的宏观调控工具，与经济生活息息相关。对于货币政策有效性及目标的争论一直持续到今天。虽然一些人认为货币政策对经济增长的影响效果不是很显著，但绝大部分研究认为货币政策是有效的，只是短期与长期不同而已。在现代经济中，保持一定程度的通货膨胀对经济是有一定益处的，但由于各种非均衡状态的存在，这种程度如何把握，对货币政策目标及工具有必要进行深入的研究。但学者对经济增长与财政货币政策的相关研究大多仅限于某一侧面，尚未建立一个将财政与货币政策组合在一起影响经济增长关系的研究体系。针对我国经济增长与财政货币政策组合的研究相对较少，总体来讲各方观点都具有一定的合理性，但要充分发挥货币政策的效果，不仅要借鉴国外的研究方法，还需要准确判断我国的基本国情。

三、财政政策与货币政策搭配问题的理论演进与研究现状

詹姆斯·米德（James Mead）在《国际收支》一书中阐释了在固定汇率制度下，内部经济状况和外部经济状况会存在难以兼顾的情形，即一国政府对内的政策实施会恶化其外部经济。虽然他的分析未考虑资金流动因素影响，在政策实施背景与选择上也存在很大局限性，但其为日后的研究起到了极大的示范作用。罗伯特·蒙代尔（Robert Mundeu）在前人的基础上提出了政策指派的有效市场分类原则，同时提出了在不同经济情形下的财政政策与货币政策的有效搭配理论。此后，蒙代尔和马库斯·弗莱明（Marcus Fleming）在 1963 年提出的蒙代尔-弗莱明模型成为宏观经济政策搭配问题的工作母机。国内对政策搭配问题的研究，虽然遵循了凯恩斯主义的思想精髓，但对于政策搭配理论的创新与拓展却显得乏善可陈。姜波克（2008）根据当前中国经济面临的内外冲突，提出了开放经济下的宏观调控和政策搭配设想，为未来中国的经济协调与实践奠定了坚实的基础。姜波克等的《开放经济下的政策搭配》一书详尽论述了政策搭配模型的范式演变与实践经验，可谓中国货币政策搭配问题的经典模本。王景武（2005）品评了近年来中国宏观经济政策搭配的实践，提出应充分注重政策间的作用与影响，要在政策目标实现的过程中注重相机抉择。杨哲（2009）基于蒙代尔-弗莱明模型，模拟了中国在受到外部冲击时，*IS*、*LM* 及 *BP* 曲线的变动，根据均衡点的移动规律提出了中国宏观经济政策协调与搭配的措施。冯彩和刘玄（2008）基于斯旺模型，通过分析中国的支出增减与支出转换政策，得到了只有完成人民币汇率制度改革才能最终实现内外部均衡的研究结论。虽然在理论创新层面缺乏突破，但按照政策搭配问题切入视角的不同，国内研究成果也日趋多元化。章和杰和陈威吏（2007）通过“三缺口模型”综述了中国内外经济失衡的本因是投资储

蓄缺口，继而在政策搭配问题综述的基础上提出了相对应的解决方案。程实（2007）明确区分了政策搭配工具与政策搭配时机选择的标准，对政策搭配的具体操作、制度安排进行了行之有效的研究，提出了基于均衡视角的政策搭配理论。程宇楠（2008）的研究同样将汇率制度作为政策搭配问题的切入点，他认为出口的结构性弊端是造成外部失衡的主因，需要从结构调整的角度解决此类矛盾。内外均衡问题还与经济周期因素密切相关。罗永乐（2009）论述了经济危机背景下的中国宏观经济调控思路，认为对中国经济的长短期政策目标需区别对待，在利用反周期政策平抑短期矛盾后，需切实对未来经济体的结构转型与健康发展做出明确规划。

四、财政视角下价格形成机制研究综述

国际金融危机后，在中国大力推行救市政策的刺激下，价格水平的货币化特征已不再突出，但附带的财政属性却在价格形成机制里扮演着愈发重要的角色。货币学派提出了最早的价格形成理论。以弗里德曼为代表的货币数量论提出了价格决定机制的费雪方程与剑桥方程。货币学派认为，通货膨胀实质上是一种货币现象，而货币供求的角力最终决定均衡价格。然而随着时间的推移，各国的债务与赤字比率不断攀升，这引发了人们对价格水平是否受制于财政政策的讨论，但这一讨论却没能形成一致的结论。弗里德曼认为，通货膨胀与财政政策不存在关联，没有证据表明两者间的相关属性。威廉姆·比特（Willem Buiter）同样提出，财政赤字对通货膨胀水平的影响微乎其微，两者之间并不存在显著的因果关系。然而与之对立的是，尼尔·华莱士（Neil Wallance）认为赤字会诱发债务融资最终形成债务货币化，一旦债务增长率大于经济增长率，这种债务货币化便会导致通货膨胀的发生。张延（2010）通过实证分析发现，通货膨胀对财政政策实施存在一定的滞后性，即虽然通货膨胀并未走高，但财政政策的刺激已然过度。在货币政策自主的前提下，积极型货币政策与被动型财政政策的搭配，同样会使价格水平显现为一种财政现象。这种政策搭配被誉为基于财政视角的价格形成机制——价格水平财政理论（FTPL）。FTPL 同样存在强弱之分。弱性的 FTPL 是指货币政策从属于财政政策，财政政策与货币政策共同对价格水平加以作用。财政政策对价格的影响存在间接效应，它的作用机理需要通过债务的货币化及流动性扩张所带来的债务稀释来发挥作用。与弱性 FTPL 相对应的是强性 FTPL。强性 FTPL 强调价格水平并非间接受制于财政政策，而是直接受财政政策影响，即通货膨胀是一种完全的财政现象。国内学者也对 FTPL 进行了深入研究。郭琪（2011）通过对中国 1998～2010 年的财政政策变动情况进行实证分析，证明了中国符合 FTPL 所描述的理论情形，财政政策可以通过间接传导的形式（影响货币政策）最终作用于中国的通货膨胀。张函和邓学龙（2012）利用结构向量误差修正模型对财政动态效应与价格水平的决定理论进行了实证检验，他们认为在引入财政收支与产出变量的情况下，FTPL 得不到足够的实证支持。刘斌（2009）创新性地应用贝叶斯方法和 DSGE 模型对物价水平的财政决定理论进行分析，证实了 FTPL 在中国的适用性，并提出了未来财政与货币政策相互搭配的协调范式。方红生（2008）认为，FTPL 具有明显的阶段属性。就中国而言，只有 1981～1994 年和 1995～2006 年的通货膨胀才可以用财政政策扩张来加以解释。

财政政策视角下的价格形成机制可以很好地应用于后危机时代双宽松宏观经济政

策作用下的中国通货膨胀变动分析。对通货膨胀的影响因素，形成机理的研究也不局限于单纯的货币层面，FTPL 丰富了价格形成机制的内涵与外延，对于当今中国财政分权制度下的通货膨胀走势有着非常显著且契合的解释力。

五、中国通货膨胀治理问题研究综述

通货膨胀形成的原因很复杂，但就本书而言，关于后危机时代中国通货膨胀的形成机制与治理问题，我们应更关注于由外部政策变动诱发的本国协同政策效应所带来的通货膨胀抬升。美国双宽松的财政与货币政策最终会促使中国做出同方向的宏观政策选择，这种协同效应是形成中国通货膨胀压力的根本。同时，外部冲击放大了中国经济结构失衡问题，如何从结构化的角度完善自身产业与经济转型也是抗击通货膨胀、优化治理通货膨胀的重要手段。从根本上而言，通货膨胀治理问题离不开对其深层来源的探知。通货膨胀不仅是一种价格表象，还是经济结构协调与否、经济冷热程度变动与否的指示剂。

中国通货膨胀的形成在很大程度上源自自身失衡的经济结构。因此，三缺口模型对于认识通货膨胀问题极为有效。“三缺口”主要是指储蓄投资差额、财政收支差额和外贸收支差额，而社会总供给与总需求的差额也正好由这三者构成。在经济活动调节的过程中，需要我们主要运用货币政策来调节储蓄投资差额，通过财政政策来调控财政收支差额，通过外贸政策、汇率机制来调控外贸收支差额，最终弥补社会总供给与总需求的失衡。由此可见，只有在相应经济周期下，认清通货膨胀形成根源，寻求有针对性且标本兼治的通货膨胀治理策略，才能更好地保证中国价格水平的平稳运行。通货膨胀治理分为两大派别，即凯恩斯学派的增税政策和供给学派的减税政策。凯恩斯学派的增税政策，是指通货膨胀引发的名义工资增加会启动税收的“自动稳定器机制”，从而增加税负，抑制消费，抗击通货膨胀持续攀升。而供给学派的减税政策则相反，它鉴于凯恩斯主义对“滞胀”现象的无能为力，主张从供给而非需求层面来降低税负，激发供给端的活力，从而实现供需均衡，平抑通货膨胀。在外部经济环境恶化、中国内部经济结构转型的攻坚时期，显然供给学派的减税政策更能在保证增长的前提下抑制通货膨胀，最贴近中国当前的经济现实。凯恩斯认为适度的通货膨胀将促进经济发展，经济无法在自由放任的环境下实现配置平衡，需要政府干预来加以治理。但显然货币学派对此并不认可，他们认为正是凯恩斯主义的过度干预造成了美国 20 世纪 70 年代的“滞胀”，而政策不当所带来的通货膨胀威胁将更加猛烈。政府只有真正抑制货币需求，才能从根本上平抑通货膨胀。对于通货膨胀治理的方式，国内的研究者也分别从不同角度提出了自己的见解。例如，一些学者从后危机时代中国在外部冲击下所暴露的通货膨胀隐忧出发，提出了内部经济结构调整、保持央行独立性、加强财政政策调控作用的通货膨胀治理方案。其详尽分析了在经济不确定情形下的通货膨胀治理方式，总结了模糊环境下各种通货膨胀影响的因素，使通货膨胀治理更加有的放矢。还有一些学者认为面对经济下行的隐忧，为治理通货膨胀而施行的货币政策紧缩存在一定的局限性，因此，通货膨胀治理的思路应转向降低关税、增大进口等方面。熊平安（2011）同样提出，在货币政策可施行空间有限的前提下，应加大财政政策的调整力度，抑制需求与银根宽松，达到通货膨胀治理的最终目的。当前中国正面临财政政策与货币政策一松一紧的宏观经济态势，在规避政策大幅度波动风险的前提下，需要利用具体的技术创新手段实现所属产业的结构升级，从而完善通货膨胀治理方式。

第二节　货币政策调整与国际经济环境的关系

我国改革开放以来，货币政策的调整变动均受到当时我国宏观经济内外均衡的影响。例如1994年，由于当时的外汇行市制度并轨，导致了人民币大幅贬值，从而引发了内外均衡的冲突，而亚洲金融危机期间，人民币外汇行市水平固定不变，进而导致了实际外汇行市的升值和严重的内外均衡矛盾。此外，在我国缺乏弹性的汇率制度下，近几年外向型的经济增长方式导致了非常严重的国际收支问题。自2000年起，我国国际收支的资本账户和经常账户持续出现双顺差，导致了外汇储备不断攀升，引起了国内外对人民币外汇行市水平更高的关注、讨论甚至争议。本书认为，出现这些争论的原因主要与对我国经济情况以及制度特点的认识有关。我国沿用西方外汇行市理论和方法，在针对人民币外汇行市水平的研究过程中，均衡的汇率理论始终占据着重要的地位，也是人们讨论不同时期人民币汇率合理程度时大多数观点的理论支撑。然而西方的均衡理论的出发点、假设甚至最后的结论都有冲突的地方，而且该理论本身的体系也非常繁杂，加之缺乏对我国国情的充分考虑，导致了人们对均衡外汇行市水平的分歧和争论。

一、汇率制度改革前后中国对外贸易的变化

中国对外贸易的发展与中国外汇行市制度一直是相辅相成、互相促进的关系。外汇行市制度为对外贸易发展服务，同样对外贸易的高速发展也为外汇行市制度改革创造更牢固的物质基础。中国进行多次汇率制度调整，其目的在于为对外贸易提供更通畅的发展空间。

1. 1978～1993年货币政策调整和对外贸易变化

1978年中国实行改革开放，长期的计划经济体制已使国民经济承受了沉重的负担，尤其是在计划经济体制下物价被严重压抑，导致经济开放之后物价飞速上涨，因此外汇行市制度的改革必须适应改革开放后的整体经济形势。经济转轨时期意味着中国经济体制由计划调控转为市场主导，外汇行市制度也必须由之前的封闭、僵硬的状态调整到能反映市场供求变化。中国选择缓冲型的经济体制改革，外汇行市制度也选择了具有过渡性质的双重制度。总体而言，1979～1993年的人民币外汇行市制度可以看作行政指导下的贸易性制度。无论贸易外汇内部结算价还是调剂市场外汇行市，都以发展外贸、鼓励出口为主要目标，解决中国改革开放初期外汇短缺限制经济发展的难题。这段时期，中国通过在深圳设立经济特区并以此开放沿海沿江城市或区域的方式，尝试着推进对外贸易的发展。1979年，党中央和国务院首先对福建和广东两省赋予开放经济特殊政策，扩大毗邻香港、澳门的区位优势。1980年，在深圳、汕头、珠海和厦门四城市试办经济特区，吸引外商投资，开展对外贸易。1984年，中国加快对外开放步伐，在上海、天津、广州、福州、大连、青岛、烟台、宁波、连云港等14个沿海港口城市对外资实行优惠政策。1985年，珠江三角洲、长江三角洲、闽南三角地区开放。1988年，胶东半岛和辽东半岛开放并建立海南经济特区。1991年，满洲里、珲春、绥芬河、丹东四个北部口岸开

放。在此期间，中国共陆续批准建立15个国家经济技术开发区，在25个主要城市设立高新技术开发区，在沿海港口设立保税区。同时，中国提出应实行市场多元化战略，以质取胜，推动对外贸易发展。国家统计局公布的数据显示，1980年中国对外贸易总额为378亿美元，到1988年则突破1000亿美元大关。1991年更高达1357亿美元，使中国的国际贸易地位从26位上升到13位，改革开放已初步取得阶段性成果。

1992年邓小平的南方谈话号召“思想要更解放一点，改革开放的胆子要大一点”，为中国改革开放提速增添了动力。1992年党的十四大明确提出，中国经济体制改革的目标是建立市场经济体制，必须进一步解放思想、扩大改革开放。与此同时，中国实行一系列措施打造从沿海、沿江、沿边，从东部到中西部的多层次、多方式、全方位的对外开放格局。各种措施包括在上海外高桥、天津港和深圳福田等地建立15个保税区发展对外贸易；开放长江沿线芜湖、九江、黄石、武汉、岳阳、重庆6个港口城市，设立长江三峡经济开发区；开放珲春、满洲里等13个北方陆地边境城市；批准内地省会对外开放并给予地方政府优惠招商引资、对外贸易政策。

2. 1994～2005年货币政策调整和对外贸易变化

1993年，中国明确提出以建立社会主义市场经济为发展目标，并在十四届三中全会中正式提出中国应该“建立以市场供求为基础的、有管理的浮动汇率制度和统一规范的外汇市场，逐步使人民币成为可兑换货币”，正式拉开人民币改革的序幕。1994年1月1日，中国正式进行外汇行市制度改革，取消双轨汇率制度，建立以市场供求为基础的、单一的、有管理的浮动汇率制度。这次汇率制度改革取消了外汇收支的指令性计划，禁止外币在境内计价、结算和流通，建立银行间外汇交易市场，允许外汇行市水平在中国人民银行公布的基准0.3%范围内浮动。实际上，此时人民币外汇行市只能作为名义上的管理浮动汇率，本质上仍属于钉住美元的固定汇率制度。

在这段时期，为更深入、全面地融入国际贸易市场，获得更全面的优惠政策，中国申请恢复关税总协定缔约国地位。为此，中国做出多方面努力，主要包括：1993～1995年，中国三次下调进口关税，使关税总水平下降20%，由43.1%下降到23%；1994年，实行汇率制度改革，取消汇率双轨制、外汇留成制和企业上交外汇任务，实现人民币经常项目有条件可兑换；放开地方、生产企业、科研院所的外贸经营权并试办中外合资外贸企业作为试点等。这段时期的改革开放取得了重大成果，对外贸易额大幅度上升。中国对外贸易额1994年突破2000亿美元，1997年突破3000亿美元，2000年突破4000亿美元，2001年突破5000亿美元，而到2014年中国贸易总额达到43 015.2亿美元。中国对外贸易额增长将近20倍。如表2-1所示，中国持续对外贸易顺差。对外贸易商品结构得以改善，工业制成品比重提高，加工贸易成为中国主要贸易方式。值得一提的是，2001年12月，中国经过16年的艰苦谈判后终于加入WTO，成为全球多边贸易组织的正式成员。中国对外贸易发展也进入快轨阶段。作为WTO正式成员，中国能够真正参与到多边贸易体制下自由、公平、公正的市场竞争环境中，成为现行国际贸易规则的参与者和制定者。同时，中国也有遵循贸易组织规则、促进国际贸易无壁垒发展、开放本国市场的义务。

表 2-1 1995～2014 年中国进出口情况 单位：亿美元

年份	进出口总额	出口总额	进口总额	差额
1995	2 808.6	1 487.8	1 320.8	167.0
1996	2 898.8	1 510.5	1 388.3	122.2
1997	3 251.6	1 827.9	1 423.7	404.2
1998	3 239.5	1 837.1	1 402.4	434.7
1999	3 606.3	1 949.3	1 657.0	292.3
2000	4 742.9	2 492.0	2 250.9	241.1
2001	5 096.5	2 661.0	2 435.5	225.5
2002	6 207.7	3 256.0	2 951.7	304.3
2003	8 509.9	4 382.3	4 127.6	254.7
2004	11 545.6	5 933.3	5 612.3	321.0
2005	14 219.0	7 619.5	6 599.5	1 020.0
2006	17 604.4	9 689.8	7 914.6	1 775.2
2007	21 765.8	12 204.6	9 561.2	2 643.4
2008	25 632.6	14 306.9	11 325.7	2 981.2
2009	22 075.3	12 016.1	10 059.2	1 956.9
2010	29 739.9	15 777.5	13 962.4	1 815.1
2011	36 418.2	18 983.8	17 434.8	1 549.0
2012	38 671.2	20 87.1	18 184.1	2 303.0
2013	41 589.9	22 090.0	19 499.9	2 590.1
2014	43 015.2	23 422.9	19 592.3	3 830.6

资料来源：《中国统计年鉴（2014）》。

3. 2005 年至今货币政策调整和对外贸易变化

2005 年 7 月 21 日，中国人民银行公布 2005 年第 16 号《中国人民银行关于完善人民币汇率形成机制改革的公告》，正式将人民币外汇行市制度调整为以市场供求为基础、参考一篮子货币进行调节、有管理的浮动汇率制度，人民币交易中间价由前一个工作日闭市后银行间外汇市场美元等交易货币对人民币外汇行市的收盘价决定，同时规定人民币兑美元交易价可在美元交易中间价上下 3‰范围内浮动。自此，人民币外汇行市结束钉住单一美元的历史，形成更具弹性的外汇行市机制。

中国人民银行根据国内外金融发展形势，以市场供求为基础、参考一篮子货币水平对人民币外汇行市进行管理，保证人民币汇率在合理、均衡的水平内稳定，促进国内宏观经济和金融市场的稳定发展。中国政府又采取多种措施进一步完善浮动外汇行市制度，促进外汇市场的健康发展。

2006 年 1 月 3 日，中国将询价交易方式引入银行间即期外汇市场，并采用做市商制度加强市场流动性。在加强内地外汇市场建设的同时，中国也注重香港与内地外汇市场之间的联系与发展。2007 年 1 月 14 日，中国内地金融机构经批准可在香港发行人民币金融债券，同时扩大香港清算行的存款范围，将其扩展至包括香港人民币债券发行人的存款，进一步扩大了香港人民币业务，有利于维护香港国际金融中心的地位，增加香港居民及企业所持有人民币回流内地的渠道。为满足平衡发展和提高开放型经济水平的需要，中国在 2006 年推进天津滨海新区开放工作，提升京津冀和环渤海经济圈对外开放整体水平，带动中国环渤海和华北、华东和西北地区区域经济发展，使其成为继深圳经济特区和浦东新区之后中国经济对外开放发展的第三支先锋力量。这段时期，中国社会经济发展和综合国力均得到大幅度提升，对外贸易快速发展，国际地位和国际影响力有显著提高。中国加入 WTO 之后对外贸易发展速度基本保持年增长 20%左右，除 2009 年受国际金融危机影响出现负增长外，均保持高增速状态。同时，中国以负责任的大国形象积极参与国际事务，是多边贸易体制的积极参与者和推动者。

2010 年之前，中国经济成功地维持了 30 年 10%以上的平均增长率。然而 2012 年和 2013 年，中国经济增长速度均为 7.7%。中国经济增长速度继续放缓的部分原因是中国的经济规模已今非昔比，以绝对数量而言，现今 7%的增长量其实相当于几年前 10%的增长量。不过，就在这个全球人口最多的国家接近中等收入水平之际，中国以信贷推动、投资为导向的增长模式正在耗尽增长动力，这种模式的发展要依赖低工资水平、高污染产业及房地产建设。中国过热的楼市开始放缓，而且这种趋势还会继续，这必将对钢铁、水泥和玻璃等长期产能过剩的产业造成影响。世界银行考虑到中国有巨大的政策缓冲空间，中国经济面临风险的概率很低，对中国 2014 年的增长预期下调至 7.1%。此前在 2014 年 10 月，该行对中国 2016 年的增长预期为 7.2%。而早在 2014 年 6 月，该行给出的预期则为 7.5%。尽管如此，中国增长放缓仍有可能导致各种金融问题以无序的方式爆发出来，并对全球经济产生巨大影响。

中国经济实力和国际影响力不断提升的同时，也面临更多的国际贸易摩擦，出口商品的反倾销、反补贴申诉逐年增加，甚至某些关键战略物资进口也受到限制。可以说，中国对外贸易在机遇和挑战中茁壮成长。

以 2014 年我国对外贸易进出口情况为例进行分析，贸易出口总额为 23 422.9 亿美元，贸易进口总额为 19 592.3 亿美元，贸易顺差为 3830.6 亿美元。2014 年我国对亚洲、欧洲、北美洲、拉丁美洲、非洲和大洋洲的出口金额分别占我国出口总额的 50.8%、18.7%、18.2%、5.8%、4.5%和 2%。亚洲是我国最主要的出口市场，2014 年我国一半以上的商品出口至亚洲，其商品金额同比增长 4.8%，略低于我国出口总额 6.1%的同比增幅。此外，2014 年我国对非洲的出口金额同比增长 14.4%。2014 年我国对欧洲、北美洲和非洲的出口金额同比增幅高于出口总额增幅，对亚洲、拉丁美洲和大洋洲的出口金额增幅低于出口总额增幅。2014 年中国同亚洲地区的贸易出口总额为 11 883.8 亿美元，中国同欧洲地区的贸易出口总额为 4388.2 亿美元，位居我国出口地区第二位，中国同北美洲的贸易出口总额为 4262.6 亿美元，中国同拉丁美洲的贸易出口总额为 1362.2 亿美元，中国同非洲的贸易出口总额为 1060.3 亿美元。

从贸易进口情况来看，2014 年中国同亚洲地区的贸易进口总额为 10 850.9 亿美元，占我国对外贸易进口总额的 50%以上，中国同欧洲地区的贸易进口总额为 3361.3 亿美元，位居我国进口地区第二位，中国同北美洲的贸易进口总额为 1843.01 亿美元，中国同拉丁美洲的贸易进口总额为 1270.5 亿美元，中国同非洲的贸易进口总额为 1156.3 亿美元。

二、货币政策调整时期中国对外贸易的总体特征

1978 年之前，中国实行接近封闭的经济体制，对外贸易发展缓慢甚至停滞。改革开放后，中国市场和劳动力得到解放，对外贸易迅速发展，中国已成为世界第一大出口国和第二大进口市场。

1. 中国贸易市场分布相对集中

中华人民共和国成立初期，中国仅仅与苏联等一系列社会主义阵营国家发展贸易关系。1960 年后，中苏关系破裂，中国开始与西方国家进行贸易交流。1965 年左右，中国与西方国家的贸易额已经占据中国总对外贸易额的一半以上。但是当时与中国建立贸易伙伴关系的国家并不多，中国的贸易总量也非常小。从 1978 年开始，中国逐步拓展国际贸易，寻求贸易伙伴。至今，中国已同世界 200 多个国家和地区建立对外贸易关系，已建成多层次、多领域、全方位的多元化对外贸易格局。

目前中国对外贸易市场分布逐渐改变改革开放之初以发达国家或地区为主要贸易对象的格局，开始向多元化、均衡化过渡。东盟、韩国、俄罗斯、澳大利亚和巴西等在中国对外贸易中的比重不断增加，但总体而言，美国、欧洲联盟（以下简称欧盟）、日本等仍为中国最主要的贸易对象。1991 年，中国香港是中国内地最主要的贸易伙伴，贸易额占内地对外贸易总额的 36.6%。日本、美国和欧洲国家也占有很大比重，分别达到 14.9%、10.4%和 11.2%。上述国家和地区占中国总贸易份额的 73.1%。与其相比，亚洲国家或地区、澳大利亚和加拿大等则比重相对较小。但随着对外贸易的不断发展，国际经济形势的不断变化，中国对外贸易市场分布状况也发生很大改变。中国香港地区所占份额逐年下降，到 1995 年总份额已下降到 15.9%，到 2010 年下降到 7.8%，在 20 年时间内，中国香港贸易份额下降 78%。而日本在 1995 年左右一度成为中国最大的贸易伙伴，份额占到 20.5%，但之后也不断下降，到 2010 年仅达到 10%。与上述发达国家或地区相比，东盟和其他亚洲国家在中国贸易份额中的比重不断上升，澳大利亚、韩国等贸易比重不断上升。2011～2014 年中国同世界各地区的贸易进出口数据显示，中国的主要贸易伙伴分布在亚洲，进出口总额比重超过 50%。随着中国总体贸易规模的不断扩大，中国对外贸易的发展空间不断拓展，出口贸易市场格局也更适应中国的市场多元化战略。若将东盟和欧盟单独看作贸易整体，近十多年来，出口贸易市场格局变化显著。

根据不同国家和地区分布分析，如表 2-2 所示，2014 年中国内地的主要出口市场为美国、中国香港、日本、韩国、德国、荷兰、越南、英国、印度和俄罗斯，2014 年中国内地对这十个主要市场的出口金额占中国出口总额的 58.8%。其中美国和中国香港是中国内地最主要的出口市场，2014 年中国内地对美国和中国香港的出口金额分别为 3971.5 亿美元和 3631.8 亿美元，分别占中国内地出口总额的 17.0%和 15.5%。日本、韩国则名列其后，印度、俄罗斯分别排名第九和第十。可以看出，中国出口贸易市场更加趋于合理化、多元化。

表 2-2 中国内地 2014 年前十位出口市场分布情况（按国家和地区）

国家和地区	金额/亿美元	增长率/%	占出口额的比例/%
美国	3971.5	7.6	17.0
中国香港	3631.8	5.5	15.5
日本	1495.6	0.4	6.4
韩国	1003.6	10.1	4.3
德国	727.2	8.0	3.1
荷兰	649.4	7.7	2.8
越南	636.1	30.9	2.7
英国	571.6	12.2	2.4
印度	542.4	12.0	2.3
俄罗斯	536.9	8.3	2.3

资料来源：《中国统计年鉴（2014）》。

从 2014 年的统计数据看，韩国已成为中国最大的进口市场，占中国进口总额的 9.7%，比重有所上升，其后是日本、美国，俄罗斯与瑞士分别位于第九和第十。

可见，中国进口来源地多元化目标已取得一定进展，日本、美国和欧盟等进口贸易比重均有下降，发展中国家和地区比重有所上升。非洲、拉丁美洲进口规模也不断扩大。中国国际贸易战略、自由贸易区战略已取得一定成绩，中国贸易大国的地位也更加重要和牢固。

2. 对外贸易初具规模

贸易规模决定了中国的经济增长速度，出口产品结构和贸易方式决定了中国产业结构调整和转型力度。改革开放以来，中国对外贸易规模不断扩大，对外贸易依存度已超过 50%。其中，中国货物贸易和服务贸易均呈现快速增长趋势。1982～2010 年，中国货物贸易增长超过 70 倍，中国已经是全球最大货物出口国和第二大货物进口国；服务贸易则增长 80 多倍，是全球第四大服务贸易出口国和第三大服务贸易进口国。总体来看，中国对外贸易以货物贸易为主。1994 年至今，中国货物贸易持续保持顺差，年增速高于服务贸易。与货物贸易相比，尽管中国服务贸易增速很快，除 1998 年和 2009 年出现负增长外，其他年度均基本保持两位数以上增速。但中国服务贸易与货币贸易不同，基本常年处于逆差状态。可以肯定，中国服务贸易发展潜力巨大。随着中国服务市场的进一步开放和国家支持服务业政策的推进，服务贸易在未来将更快发展。

3. 贸易商品结构部分优化

中国对外贸易发展过程中不仅贸易规模不断扩大、贸易结构不断改善，对外贸易商品结构也不断升级。1978 年，中国制造业生产水平极其低下，中国出口商品以初级产品为主，占出口贸易总额的比例超过 50%。随着招商引资规模的扩大，中国制造业规模扩大，生产能力也得到大幅度提高，工业制成品在商品贸易中的比重也迅速增加。1979年，中国工业制成品出口贸易比重仅为46.4%，1990年增加到74.4%，初级产品出口比重则下降28个百分点，仅为25.6%。1990年后，出口商品结构进一步升级优化。1999年中国工业制成品出口比重高达 89.8%，初级产品比重则下降到10.2%，中国出口商品结构彻底转变为以工业制成品出口为主。与此同时，中国机电产品出口比重也稳步增加。1999年，机电产品出口比重接近40%，高新技术产品出口比重已达到12.7%。这意味着中国出口商品结构已经从粗加工、低附加值产品向深加工、高附加值产品转变。2000年后，中国继续推进鼓励高附加值产品出口政策，机电产品和高科技产品出口份额迅速增加。2003年，中国机电产品出口额占出口总额的比例超过1/2，高科技产品出口额占出口总额的比例超过1/4。2010年，中国机电产品出口额占出口总额的比例达到59.2%，高新技术产品出口额占出口总额的比例也上升到 31.2%。与此同时，中国初级产品出口额占出口总额的比例进一步下降到 5.2%，而工业制成品出口额占出口总额的比例则上升到94.8%。出口商品结构优化意味着中国出口商品竞争力的不断提高。纺织品、服装、鞋、玩具、自行车、钟表等劳动密集型产品已多年名列世界出口商品第一位，而电冰箱、摩托车、彩电、显示器、空调、手机、DVD、录音机、磁头、集装箱等机电产品也多年居世界出口市场榜首。其中，中国电器机械及器材制造业占国际市场份额的比例已高达20.4%，而第二名的德国仅为11%左右。与出口商品结构相比，中国进口商品结构在改革开放以来并未发生特殊变化。基本上，中国进口商品以工业制成品为主，从 19 世纪80年代到2005年，工业制成品进口比重基本高于80%。在近年该比重有所下降，2011年该比重下降到65%。期间，中国进口机电产品和高科技产品数量比重有所增加。高科技产品进口比重增加明显，1995年进展为16.5%，到2010年则高达29.6%，接近中国进口商品的1/3。而机电产品进口则常年保持40%以上的比重。

分析中国进口商品结构可以看出，其中初级产品进口中非使用原料和矿物燃料、润滑油及有关原料所占比重最高，且该比重不断上升。1980年该比重仅为39%，到2010年原料在中国初级产品进口中的比重已达到5%，而工业制成品进口结构中以机械及运输设备所占比重最高。某种程度上可以看出，随着经济发展速度的不断加快，中国对外国原材料和高科技产品的依赖程度不断增强。在未来发展过程中，中国应注意节能减排和高科技产品的研发工作。

4. *贸易方式更加科学*

1978年之前，中国贸易方式单一、贸易伙伴和贸易产品有限，主要采用现汇贸易方式与西方国家和地区开展贸易活动，以记账贸易方式与社会主义阵营国家如苏联开展贸易。改革开放促进了中国对外贸易的发展，中国贸易方式也更加灵活多样。除现汇贸易外，也开展补偿贸易、边境贸易、易货贸易、租赁贸易、转口贸易、加工贸易和寄售代销贸易等多种贸易方式。其中，加工贸易分来料加工、进料加工和出料加工等形式。加工贸易方式是在中国发展较快也是对对外贸易做出突出贡献的贸易方式。1980年，中国加工贸易总额为16.7亿美元，2010年则增加到11 577.3亿美元，30年增长约693倍。如表2-3所示，2000年后，中国出口贸易中加工贸易和一般贸易是中国主要的贸易形式。其中，2000～2006年加工贸易占出口总额的比例基本保持在50%以上，2008年金融危机之后该比例有所下降，2010 年下降到 46.9%。而一般贸易占出口总额的比例均保持在 40%以上，2010 年有所上升，达到 45.7%。2012 年，加工贸易占出口总额的比例进一步下降到 42.1%，一般贸易占出口总额的比例则提高到 48.2%。但总体而言，中国目前仍处于以加工贸易为主的出口贸易阶段。珠江三角洲地区为加工贸易发展做出突出贡献，而一般贸易则主要集中在长江三角洲地区。尽管一般贸易占出口总额的比例不断提升，中国自主研发能力和国际竞争力不断增强，但中国对外贸易发展仍需不断努力。

表 2-3　2000～2014 年中国出口总额及贸易额占比

年度	出口总额/亿美元	加工贸易		一般贸易		其他
		贸易额/亿美元	占出口总额的比例/%	贸易额/亿美元	占出口总额的比例/%	
2000	2 492.0	1 376.5	55.2	1 051.8	42.2	63.7
2001	2 660.9	1 474.3	55.4	1 118.8	42.1	67.8
2002	3 255.9	1 799.3	55.3	1 361.8	41.8	94.8
2003	4 383.7	2 418.5	55.2	1 820.3	41.5	144.9
2004	5 933.6	3 279.9	55.3	2 436.3	41.1	217.5
2005	7 619.9	4 164.8	54.7	3 150.9	41.4	304.3
2006	9 690.7	5 103.8	52.7	4 163.2	43.0	423.8
2007	12 180.1	6 176.6	47.3	5 385.7	44.2	617.8
2008	14 285.5	6 751.8	50.7	6 625.8	46.4	907.8
2009	12 016.6	5 869.8	48.8	5 298.3	44.1	848.5
2010	15 779.3	7 403.3	46.9	7 207.3	45.7	1 168.6
2011	18 983.8	8 023.3	45.2	8 078.6	46.3	1 489.8
2012	20 487.1	8 627.8	42.1	9 880.2	48.2	1 981.0
2013	22 090.1	8 608.2	38.9	10 876.0	49.2	2 605.9
2014	23 422.9	9 033.2	36.8	11 123.4	51.2	2 895.7

资料来源：《中国统计年鉴（2014）》。

5. 贸易主体仍以外资为主

改革开放之前，国有企业是中国开展对外贸易的中坚力量，基本垄断所有的对外贸易。1990 年，中国进出口贸易中仍有 80%以上的份额被国有企业占据，而外商投资企业所占份额不足 20%。之后，中国对外开放力度不断深入，下放外贸经营权，更多的外资企业进入中国市场，中国的外贸主体更趋于多元化。尤其是在 2001 年加入 WTO 后，中国贸易主体多元化程度进一步提高。2001 年，中国外商投资企业进出口总额占中国对外贸易总额的比重达到 51%，打破由国有企业垄断国际贸易的局面。同期，国有企业比重下降到 43%，而民营企业比重仅为 7%。之后，国有企业进出口占中国对外贸易的比重逐年下降。民营企业经过数年发展后对外贸易程度不断提高，总体上看，从 2009 年开始，民营企业进出口贸易比重已超过国有企业。可见，加入 WTO 之后中国民营企业对外贸易发展速度极快。从出口贸易经营主体结构看，2001 年中国国有企业出口额占中国出口总额比重为 43%，外资企业为 50%，民营企业为 7%。2005 年，国有企业比重下降到 22%，外资企业提高到 58%，而民营企业则提高了 13 个百分点达到 20%。2012 年，该结构再次出现重大变化。民营企业占中国出口额比重高达 38%，远远超过国有企业的 13%。期间，外资企业比重有所减少，但也基本保持在 50%以上。中国民营企业对外出口发展速度明显加快，十几年来所占份额提高 5 倍多。从进口贸易经营主体结构看，虽然近年来国有企业规模有所缩减，但基本稳定在 30%左右。相比国有企业，外资企业进口额比重则相对下降较多，从 2005 年的 59%下降到 2012 年的 48%。同样，民营企业表现出良好的势头，进口比重从 2005 年的 11%增加到 2012 年的 25%。

三、货币政策杠杆效应研究

杠杆效应是指由于固定费用的存在而导致的，当某一财务变量以较小幅度变动时，另一相关变量会以较大幅度变动的现象。外汇行市是货币国际购买力的反映，同时又是调节内部均衡和外部均衡及其相关关系的杠杆。汇率不仅是其他宏观经济变量变动的结果，也影响其他变量。实体经济运行过程中，包括物价水平、国际收支、总供给和总需求等在内的宏观变量会影响汇率水平的决定，这称作外汇行市决定的被动属性。同时，汇率水平的变动能够对各种宏观经济变量进行一定程度的调节，这称作外汇行市决定的主动属性，也可形象地称为外汇行市决定的杠杆属性。从被动属性的角度看，均衡汇率是宏观经济实现均衡时所决定的外汇行市水平；从主动属性的角度看，均衡汇率就是能够使宏观经济变量达到理想状态的汇率水平，其特点在于它是以一种货币表示的另外一种货币的价格。外汇行市变动会通过各种途径影响一国的物价水平、国际收支、贸易条件、总需求、就业以及劳动生产率等名义或实际的经济变量，但无论哪种途径，归根到底汇率变动都是通过改变两种货币的折算比例发挥作用的。当数量给定不变时，折算比例的变动引起名义变量的变动；当数量可变时，折算比例变动通过相对价格变动引起相对需求变动，进而引起实际变量的变动。

简而言之，货币政策杠杆作用是通过引起相对价格变动进而引起需求转换来实现的，这种需求转换可以是国内外消费者对本国与外国商品需求的转换，也可以是国内消费者对贸易品与非贸易品需求的转换，抑或是国内厂商对不同生产要素需求的转换，等等。货币政策的调整不仅在短期内具有影响就业、产出等宏观经济实际变量的作用，在长期内，通过短期作用的积累以及对相对价格水平的非中性影响，它也能够对就业、产出等经济变量产生持续的影响。

本节对货币政策研究的重点放在杠杆效应方面是有原因的。首先，从本书的目标出发，研究杠杆属性的目的在于分析货币政策调整对国际竞争力构成因素的影响，以及从而引起的经济增长变化；其次，从人民币外汇行市制度的特征来看，即使经过多次汇率制度调整，其水平也受到很强的政府干预，并且外汇行市浮动程度有限，其走势很大程度上是政府意志的体现。

因此，无论是从本节研究的角度还是从人民币外汇行市形成机制的特点上看，将重点放在杠杆效应上都是不二选择。但这并不是忽略外汇行市的比价效应而片面地研究杠杆效应，因为这两者本身是汇率属性中不可分割的两个方面。首先，汇率的杠杆属性以比价属性为基础，一国货币的外汇行市水平与该货币在国内市场上所体现的价值水平必然存在相关关系；其次，杠杆属性反作用于比价属性，虽然杠杆属性的基础是比价属性，但汇率水平并不需要在任何时点上都与比价属性保持一致，通过货币政策的调节，汇率水平会影响价格及其他宏观变量。根据本书的研究逻辑，汇率变动首先在价格方面通过传递效应改变进出口商品的相对价格，进而影响国内贸易品与非贸易品的相对价格；同时，这些相对价格的变动在实体经济中通过支出转换效应等渠道导致对外贸易情况改变，以及贸易品与非贸易品部门产出比例的调整，这些改变和调整导致国际竞争力的数量指标和质量指标变动，并影响经济增长。

1. 货币政策调整的价格传递效应

下面根据我国的实际情况来分析人民币外汇行市的价格传递效应。从价格传导顺序上看，汇率变动首先影响进口货物价格，其次影响批发价格，最后影响消费价格。汇率对进口货物的价格影响是直接的，人民币贬值时，在进口国议价能力有限的情况下，国内要承受贬值对进口品价格提高的影响。如果进口产品用于消费，会直接引起国内价格水平上升。另外，消费者在汇率贬值后会更少消费进口商品而转为消费国内生产的替代品，这一支出转换效应会导致本国商品价格的提高。在货币工资机制下消费品价格的提高会导致劳动者要求更高的货币工资，从而拉动物价水平上升。

如果进口货物运用于生产投入，其对物价水平的影响比较复杂。首先，从企业生产的角度考虑，根据生产成本机制，由于我国外向型企业中依靠进口设备和进口原材料生产的比重较高，因此，外汇行市变动对国内企业的成本影响会最先反映在进口原材料价格、中间品价格和进口资本品价格上，人民币升值将在一定程度上降低这些生产要素的人民币价格。同时，人民币汇率上升对单个企业成本影响的大小不仅取决于升值幅度，还取决于该企业成本中进口品所占的比重。人民币外汇行市上升幅度越大，企业成本中进口品的比重越高，企业成本下降的程度就越大，反之亦成立。近年来，我国东部沿海地区的进出口企业工资水平有较大幅度的提升。进出口企业员工工资水平的提高，使外来务工者尤其是农民工的收入状况有所改善，但同时也提高了企业的用工成本，尤其是劳动密集型企业的成本。近年来，由于工资上涨压力逐渐凸显，一些小企业已经破产，一些制造企业开始跨国转移，转向劳动成本更低的国家。此时，外汇行市制度改革以后，人民币升值导致的进口有形生产要素的价格下降，一定程度上能够缓解和补偿政策推动的劳动力成本上升对企业造成的压力。其次，在生产成本机制方面，对于加工贸易，大量的原材料来自进口，而产成品出口获利。贬值时进口原料的本币计量成本提高，但同时出口获得的本币收益也提高，升值时则相反。可以认为加工贸易能够较好地吸收外汇行市变动的价格传递效应，因为加工贸易企业的产品并不在国内消费，对国内消费者价格指数的影响力也有限。也可以认为加工贸易比例越大，外汇行市的价格传递效应的生产成本机制作用越不完全。再次，进口生产要素并在国内进行产品销售是外汇行市价格传递的主要渠道之一。

在生产方面，对上家而言，我国企业在进口时大多是价格的接受者，外汇行市贬值导致进口品价格上升幅度较大。但是，生产成本机制的作用大小还与企业对下家的议价能力有关。对于部分处于中低端制造行业的劳动密集型企业来说，由于产品的同质性较高，市场竞争较为激烈，在人民币外汇行市贬值导致成本上升的情况下，这部分企业很难或只能在很小程度上提升产品价格，因此，这部分企业面临较大的利润下降压力，同时也不会导致国内价格水平较高的提升。对于部分处于高科技或高垄断行业的企业来说，其产品的同质性较低、技术含量较高，市场竞争程度相对较低，在人民币外汇行市贬值的情况下，这部分企业提升产品价格的能力相对较高，因此，这部分企业会导致国内价格水平提高。另外，当进口生产要素在我国的可替代性较大时，外汇行市贬值导致的要素价格上升会使生产商更多地选择国内购买，这降低了汇率对进口价格指数的影响程度，但同时提高了汇率对国内生产资料价格指数的影响程度。除了上面的分析外，在货币工资机制与生产成本机制的作用下，货币供应量可能增多，同时由于本币价值下降，央行在结汇时会支出更多的本币，如果没有同时采用相应的冲销操作，则同样会使货币供应量增加，这有可能导致国内一般物价水平上升。在这种情况下，外汇行市水平受央行的控制可能没有发生变动，但实际钉住的外汇行市制度下产生的央行被动干预会使其货币政策的独立性受到影响，并影响价格水平。本书认为货币政策的调整变动对我国价格水平是有传递效应的，但这些传递效应是不完全的，并且有一定时滞。我国加工贸易比例较大，劳动力成本在产品成本构成中的比例较高，进口企业议价能力等因素都弱化了这一效应，而名义汇率实际钉住美元的制度下，结合我国的结售汇安排，其变动可能通过货币供应机制来对我国价格水平产生影响。

2. 货币政策调整与我国供给结构

货币政策调整是通过相对价格效应改变进出口总需求的。例如，汇率下降会通过相对价格效应使出口品更便宜、进口品更昂贵，从而出口增加、进口减少，进而导致净出口增加，净出口增加又会通过乘数效应使国民收入和总需求多倍扩张。另外，货币政策调整变动会通过改变国内贸易品与非贸易品之间的价格水平，引起它们之间规模的相对变化，从而改善贸易账户的结构，并调整国内的需求结构。而长期内，这些汇率的变动通过改变贸易品部门与非贸易品部门的相对价格水平以及收益情况，引导生产要素在两个部门间移动，从而影响国内的供给结构。在分析我国情况时，必须考虑发展中国家的巴拉萨-萨缪尔森效应，即经济起飞时期，发展中国家可能有较高的通货膨胀率而其汇率并不按比例贬值，因为在经济起飞的一段时间里，发展中国家的非贸易品的涨价幅度远高于贸易品的涨幅。定义国内贸易品部门与非贸易品部门之间的价格水平之比为 P_r，该指标又被称为内部实际汇率，即 $P_r = P_r / P_N$。

因此，从长期来看，根据汇率变动的价格传递效应，汇率贬值会提高 P_r，而巴拉萨-萨缪尔森效应意味着 P_r 随着相对劳动生产率的提高而降低。首先，有必要对贸易品部门和非贸易品部门的划分问题进行解释。对于部门划分的问题，存在不同的标准。一种普遍接受的分类方法是以所研究的样本内所有国家该部门出口与所有国家部门总产出之比等于 10%为标准，出口占总产出的比例超过 10%的为贸易品部门，相反为非贸易品部门。但中国目前缺少分部门长期的进出口数据，如果按照海关所统计的进出口商品来计算，势必会造成人为的误差。其次，以出口与产出之比作为衡量部门可贸易性的标准，其本身更适用于货币同盟，因为同盟内的贸易往来更为集中，而用于单个国家时由于需要统计同所有贸易伙伴之间的贸易往来，可能会导致较大的误差。我国在计算 GDP 时，可将第一产业和第二产业中的工业划为可贸易品部门，将第二产业中的建筑业和第三产业作为非贸易品部门；在计算部门劳动力数量时，将农业、采掘业和制造业作为可贸易品部门，其他的划为非贸易品部门。计算两部门相对价格，研究贸易品部门价格水平与非贸易品部门价格水平之比的相对变动，可以得到中国的两部门相对价格基本上处于持续下降中，虽然部分年份中出现了小幅的上升，但在 1981～2008 的 28 年中，相对价格变动率小于 0 有 21 年，有力地说明了非贸易品相对价格的上升趋势，我国内部实际汇率升值的趋势与巴拉萨-缪尔森效应的含义是一致的。

按照 TNT 模型，P_T 的下降将导致劳动力从贸易品部门向非贸易品部门转移，我国非贸易品部门的就业人数与贸易品部门的就业人数之比逐步提高，这与 TNT 模型的结论一致。但是，由于贸易品部门的劳动生产率提高速度高于非贸易品部门，在名义有效汇率总体贬值的环境下，即使经过价格水平调整以后，贸易品部门实际产出在总产出中的比例也是不断提高的。

第三节　五大发展理念推进经济科学发展

一、五大发展理念的内容

党的十八届五中全会审议通过了《中共中央关于制定国民经济和社会发展第十三个五年规划的建议》（以下简称《建议》），《建议》提出的五大发展理念是最核心的内容，其中“创新”居首位。

《建议》提出了创新、协调、绿色、开放、共享五大发展理念，这是以习近平为总书记的新一代领导集体治国理政新思想在发展理念上的集中体现和概括，是对中国特色社会主义建设实践的深刻总结，是对中国特色社会主义发展理论内涵的丰富和提升，也是指导“十三五”规划编制和“十三五”发展的思想灵魂。

1. 推动创新发展

创新是引领发展的第一动力。在新常态下，我们面临的最大挑战就是要跨越中等收入陷阱。要突破这一难题，根本出路在于创新发展。“十二五”时期，我国科技创新取得很大进步，但创新能力、自主技术和知名品牌缺乏，科技成果转化率、科技进步贡献率与发达国家仍有不小的差距。“十三五”时期，必须把创新摆在国家发展全局的核心位置。

2. 推动协调发展

在协调发展方面存在三个比较突出的问题：一是城乡二元结构和城市内部二元结构的矛盾依然突出；二是区域发展不平衡，东中西部、东北区域间是不平衡的；三是社会文明程度和国民素质与经济社会发展的水平还不匹配。所以“十三五”期间要按照协调发展的要求，继续推动区域协同、城乡一体、物质文明和精神文明协调发展。在协调发展中拓宽发展的空间，在加强薄弱领域的过程中增强发展的后劲。

3. 推动绿色发展

当前长期积累的大气、水、土壤污染的问题在我国还比较突出，人民群众对改善生态环境的呼声也比较强烈。因此，“十三五”期间我们必须坚持节约资源和保护环境的基本国策，加快建设资源节约型、环境友好型社会，推进绿色低碳循环发展，为我们国家也为全球的生态安全做出贡献。

4. 推动开放发展

今天中国已经成为全球最大货物贸易国、最大外汇储备国，吸引外资和对外投资也居世界前列。中国和世界经济已经形成你中有我、我中有你的格局。因此，“十三五”时期必须发展更高层次的开放型经济，并积极参与全球经济治理，构建更加广泛的利益共同体。

5. 推动共享发展

近年来，我国政府在保障和改善民生上做了大量工作，也取得了明显的成效。但是与人民群众的期盼相比，公共服务和社会保障体系还不够完善，均等化程度也不够高，社会管理和矛盾调处能力还不足，所以“十三五”期间我们必须坚持发展为了人民、发展依靠人民，实现发展成果由人民共享。

二、五大发展理念的科学思想方法及理论内涵

五大发展理念是党运用唯物辩证法和系统论等科学思想方法，进行战略思维、创新思维、全球思维、统筹思维，创造性提出的发展哲学新理念，具有丰富的理论内涵。五大发理念每个方面各具功能，同时五大发展理念又统一于高质量、高效益的发展，共同塑造中国的未来。下面重点阐述五大发展理念的理论内涵。

1. 创新是经济社会发展的第一动力

创新发展针对的是全球科技与经济竞争日趋激烈与我国创新能力较弱的突出矛盾，注重解决发展的动力源泉问题。放眼全球，大国崛起与衰落更替的历史，其实质就是一部浩瀚的创新史。根据全球主要经济体的一般发展规律，一旦国家进入成熟发展阶段，内生创新能力不足就会成为制约其经济发展的因素。习近平总书记立足于国家前途命运战略高度，反复强调创新的重要性，“创新是民族进步的灵魂，是一个国家兴旺发达的不竭源泉，也是中华民族最深沉的民族禀赋”。抓创新就是抓发展，谋创新就是谋未来。

2. 协调是持续健康发展的内在要求

协调发展针对的是经济总量高速增长与经济结构不平衡的突出矛盾，注重增强经济社会发展的整体性与系统性。唯物辩证法认为，事物是普遍联系的，不同事物之间及其组成要素之间相互影响与相互制约。习近平总书记提出：“协调既是发展手段又是发展目标，同时还是评价发展的标准和尺度，是发展两点论和重点论的统一，是发展平衡和不

平衡的统一，是发展短板和潜力的统一。”所谓协调就是追求辩证发展、整体发展与系统发展，使各经济主体的自身利益在发展中达到有机平衡，它是社会主义制度优越性的重要体现。随着市场机制的深化推进，因经济事物之间资源禀赋与发展能力的内在差异，复杂和分化是经济社会在发展中所呈现出的一般规律。

我国在经济总量上取得辉煌成就的同时，在发展结构上也面临着严峻的不协调、不平衡和不可持续的难题。例如，我国东部、中部、西部区域发展呈现明显不平衡、不协调，占国土面积 60%以上的西部地区的人均收入不及东部的1/3。城乡发展不平衡、不协调，二元结构矛盾突出。与城市相比，农村地区基础设施、公共服务与生活条件存在明显差距，农村人口尚未实现安全脱贫。社会财富分布不均，贫富差距逐步加大，社会阶层固化趋势显著。物质文明、精神文明与社会文明之间差距明显，在全球第二大经济体光环之下，国民整体素质与文明程度有待提高，精神文明建设任重道远。协调发展由我国所面临的发展困境倒逼而来，它是我党在遵循经济发展客观规律性的基础上，充分发挥主观能动性所做出的明智抉择。倡导协调发展，就是要牢牢把握中国特色社会主义事业的总体布局，正确处理发展中的重大关系，积极应对发展中所出现的矛盾与冲突。着力改变单纯追求物质总量增长的发展偏好，突破先前西方国家发展过程中的路径依赖，寻求经济事物之间均衡发展的共识，铸就发展合力，实现经济、社会整体性与系统性的良序发展。

3. 绿色是永续发展的必要条件

绿色发展针对的是我国以往粗放型发展模式与资源、环境之间的突出矛盾，致力于实现经济社会发展与生态环境保护双赢。绿色发展是将马克思主义生态观与我国发展实践有机结合所形成的创新性理念，为马克思主义注入了新的理论内涵。恩格斯在《自然辩证法》中提出：“我们不要过分陶醉于我们对自然界的胜利。对于每一次这样的胜利，自然界都报复了我们。每一次胜利，在第一步都确实取得了我们预期的结果，但是在第二步和第三步却有了完全不同的、出乎预料的影响，常常把第一个结果又取消了。”回顾世界经济史，发达国家在工业化过程中，因忽视对生态环境保护而承受了不可估量的沉痛代价。改革开放以来，我国长期采取粗放低效的发展模式，过度依靠要素投入并以牺牲环境为代价来追求短期经济增长。资源日趋枯竭和生态环境破坏已成为掣肘我国经济社会可持续发展的重要因素。

发达国家以及我国自身发展经验向我们昭示着一个恒久不变的真理：人类在发展过程中对自然资源应取之有度，经济发展必须遵循顺应自然、尊重自然和保护自然的永恒法则，才能实现人与自然和谐、统一的发展。继十八大将生态文明纳入“五位一体”战略布局后，十八届五中全会又将绿色发展列入“五大发展理念”，彰显出我党对生态环境问题的高度重视。绿色发展的本质就是坚持“绿水青山就是金山银山”的科学理念，在发展中力求达到人与自然和谐共生，实现绿色兴国与绿色惠民的目标。绿色发展是实现生产发展、生活富裕和生态良好发展愿景的现实抉择，是通往人与自然和谐发展的康庄大道。

4. 开放是国家繁荣发展的必由之路

开放发展针对的是全球局势所发生的深刻变革与我国对外开放总体水平较低之间的突出矛盾，致力于推进我国经济深度融入世界经济，解决经济发展的内外联动问题。马克思主义认为，经济全球化是生产力与生产关系协同发展的必然结果，生产社会化与国际分工要求生产打破地域、领域和国界限制，市场经济的深度融合要求在全国以至全球范围内配置资源。坚持开放发展，体现出我党对世界经济发展规律的准确把握。目前中国经济已深度融入世界经济，中国对全球经济增长贡献率已超过30%。在全球经济后危机时代的漫长低迷期，我国充当着全球经济运行的稳定之锚、动力之源与希望之翼。中国的发展离不开世界，世界的发展也离不开中国，中国与世界已经形成相互依存、协同共进的利益共同体。习近平总书记提出："实践告诉我们，要发展壮大，必须主动顺应经济全球化潮流，坚持对外开放，充分运用人类社会创造的先进科学技术成果和有益管理经验。"开放发展是对改革开放历史经验的深刻总结，是深化内外互动以拓宽发展空间的客观要求，更是我国通向繁荣富强"中国梦"的必由之路。

目前，在尖端技术和经营管理理念等方面，我们还需要更深层次地借鉴和吸收世界先进文明的前沿成果；国内过剩产能需要进一步对外输出；人民币国际化需要深入推进，中国在全球金融的影响力亦需深入提升。为实现更高水平与更高质量的稳健化发展，我国应主动顺应经济全球化潮流，积极参与全球经济治理，着力提高制度性话语权，实现中国与世界更高层次的互利共融。

5. 共享是中国特色社会主义的本质要求

共享发展针对的是解决社会公平正义问题，追求以民富优先，坚持人民主体地位，有效提升人民群众福祉，从而推动国家进一步发展。战国时期的《吕氏春秋·贵公》中就有"治天下也，必先公，公则天下平矣"这种对公平正义的深刻论断。马克思主义认为，任何一种解放都是把人的世界和人的关系还给人自己。在"自由人联合体"中，每个人的自由发展是一切人的自由发展的条件。每个人的自由发展是我们为之奋斗的"目的本身"。马克思主义所强调的发展目的是为每个人的发展而发展。马克思曾基于人的发展角度，将社会形态发展概括为三个阶段，即"人的依赖关系（起初完全是自然发生的）"占统治地位的阶段，与市场经济形态相适应的"以物的依赖性为基础的人的独立性"阶段和"建立在个人全面发展和他们共同的、社会的生产能力成为从属于他们的社会财富这一基础上的自由个性"的全面发展阶段。我国正处于并将长期处于社会主义初级阶段，因此应以物的发展来推进人的发展，并将物的现代化作为推进人的现代化的现实基础。

坚持和发展中国特色社会主义伟大事业，不但要做到以人为本，而且更应将发展的物质成果惠及全体人民，实现共同富裕。随着我国经济不断做大，分配不公、收入差距加大以及城乡发展不均衡问题日渐凸显，人民群众在共享发展成果过程中仍面临诸多体制机制障碍。"天地之大，黎元为先"，共享是发展的目的。党的十八届五中全会提出："坚持共享发展，必须坚持发展为了人民、发展依靠人民、发展成果由人民共享，作出更有效的制度安排，使全体人民在共建共享发展中有更多获得感，增强发展动力，增进人民团结，朝着共同富裕方向稳步前进。"这彰显出我党全心全意为人民服务的根本宗旨，体现了人民群众是社会历史发展根本动力的唯物史观的内在本质，显示了我党推进社会实现公平正义的坚定决心。

三、积极贯彻五大发展理念，引领经济发展新常态

1. 深化创新驱动，推进跨越式自主创新

要提高发展质量与效益，必须实现经济增长动力转换。十八届五中全会强调“必须把创新摆在国家发展全局的核心位置，不断推进理论创新、制度创新、科技创新、文化创新等各方面创新，让创新贯穿党和国家一切工作”。依托创新驱动提高全要素生产率，是推动经济转型升级的重要抓手。今后必须强化自主创新，打破发达国家的技术封锁，同时也应当积极利用全球资源，开拓自力更生与争取外援相结合的跨越式创新之路。

第一，加大对全球尖端科技的利用力度，重视创新人才培养与引进，推动技术加速赶超。首先，积极通过外交手段争取我国完全市场经济地位，使发达国家放宽对我国高新技术封锁；其次，深化中外合资力度，积极并购国外高技术企业，引进能产生技术进步并有助于我国形成独立研发能力的外资项目，通过引进、学习与合作完成技术赶超，更深层次地利用后发追赶优势提高我国技术创新能力；再次，重视创新人才培养和引进，积极利用留学人员知识优势，提供良好科研环境引导其归国交流和效力，深化与跨国公司在华科研机构合作，充分吸收其技术外溢。

第二，尽快建立集群式、协同式国家创新系统，打破微观个体创新局限。打造创新性产业集群，系统性整合研发力量，突破微观个体资源约束，促进技术扩散与优势互补；应加强对企业创新的扶持力度，打破微观个体的创新局限，构建政府、企业、高校与研究机构协同式国家创新系统，强化基于质量与效益的战略型创新投资，抢占新兴科技制高点，确保对前沿科技的掌控力。

第三，构建有利于激励创新的市场环境、政策环境与制度体系。强化“尊重人才、尊重创新”的价值取向，营造鼓励创新、宽容失败的市场氛围；积极推进“大众创业，万众创新”，打造经济社会发展新动力；深入贯彻“互联网＋”行动计划，推进“四化”深度融合、互动发展，为创新扩散提供良好媒介；重视对创新成果的产权保护，强化成果转化利益分享机制对科技人才的激励作用，提高成果转化效率，为创新主体提供清晰的收益预期，从而对创新行为形成强有力的制度激励。

2. 加强协调发展，增强发展的整体性与系统性

着力解决发展不平衡问题是经济社会持续健康发展的内在要求，这就要求我们正确处理发展中的重大关系，增强薄弱领域的发展后劲，积极构建相对平衡的经济结构，从而在各领域、各部门与各地区协同共进中拓宽发展空间，实现全方位的均衡化发展。

第一，推进城乡协调发展。一方面，应深化户籍制度改革，推进人本型城镇化，赋予进城务工人员合法公民权利和社会权利；健全城乡一体化发展机制，推进城乡要素平等交换、合理配置并强化农村基础设施建设，提升农村地区公共服务与生活水平。另一方面，应推进农业现代化，加大农业科技投入，发展集约高端型现代农业，提高农业生产效率以及农产品产量与质量，延长农业产业价值链，建设农业强国。

第二，推进区域协调发展。加强顶层设计，统筹各地区发展的客观实况，深入推进“一带一路”“京津冀一体化”以及长江经济带建设，构建区际间要素自由流动、基本公共服务均等化、资源环境承载能力增强的协同发展格局。

第三，推进物质文明与精神文明协调发展。重视社会主义精神文明建设、思想道德建设与社会诚信建设，增强居民的国家意识、法制意识和社会责任意识，建设社会主义文化强国。

第四，推进经济建设与国防建设融合发展。坚持军民融合发展理念，实现全要素、多领域、高效益的军民融合协同发展。依托协调发展，促成城乡、区域和行业之间形成良序化的趋同型结构，大幅提升经济社会发展整体效能，推动社会事业全面进步。

3. 倡导绿色发展，促进人与自然和谐共处

向人民群众提供最普惠的民生福祉。绿色发展的实质是坚持绿色价值取向，牢固树立保护生态环境就是保护生产力、改善生态环境就是发展生产力的理念，理顺发展与保护的关系，实现发展与保护共赢。

政府“有形之手”与市场“无形之手”要同时发挥作用，其间政府更应采取有效措施解决“市场失灵”。十八届五中全会就促进人与自然和谐共生、加快建设主体功能区、推动低碳循环发展、全面节约和高效利用资源、加大环境治理力度以及筑牢生态安全屏障等方面做出了全面系统的安排。坚持绿色发展，需要针对我国所存在的突出问题真抓实干。

第一，应重点将绿色发展视为一项系统工程，以提高环境质量为核心，健全环保法律法规体系，实施最严格的环境保护制度与政绩考核制度，用制度力量助推“生态环境质量总体改善”目标的实现。

第二，要对资源实施全面节约与高效利用，推动绿色低碳循环发展，积极探索开发新能源，深化能源技术创新，大幅提升资源利用效率。

第三，建立促进绿色发展的激励机制与扶持机制，积极对高耗能、高污染的传统行业实施绿色化改造。鼓励新产业与新业态发展，积极培育经济新增长点，打造绿色低碳循环发展的产业体系，为经济转型升级注入绿色动力，实现产业升级与环境优化双赢。依托多种手段协同推进，遏制生态环境恶化势头，坚守绿色发展底线，构建人与自然和谐共处的生态文明建设新格局，推动经济社会实现绿色、低碳、循环型的永续发展，为全球生态安全贡献力量。

4. 推进开放发展，增强开放的力度、深度与广度

我国经济应更深层次地融入世界经济，构建更为广泛的利益共同体，提高我国在全球经济等领域中的话语权。目前我国经济与世界经济已步入深度互动期，应顺应全球经济之大势，奉行互利共赢开放战略，以开放发展主动应对国际竞争，建设开放型经济强国。

第一，应强化“双向开放”理念，积极营造法治化、国际化和便利化的营商环境。在吸引高端优质资本进入和提高出口产品竞争力以实现“优进优出”的同时，依托“一带一路”倡议，推动资本与产能输出，深化国际产能与装备制造合作，使我国完成由

“商品输出”向“资本输出国”转变，打造“陆海内外联动、东西双向开放”的对外经济格局。

第二，积极参与全球经济治理与公共产品供给，充分利用金砖国家合作机制和上海合作组织平台，深入开展多边贸易谈判，构建新型战略合作伙伴关系，推动互利共赢国际发展合作。加快实施自由贸易区战略，构建有利于我国自身发展和外商投资的经贸环境，有效利用全球资源。

第三，增强外贸领域的产业竞争力，以提高质量和效益为核心，推进我国由制造大国向制造强国、由贸易大国向贸易强国转变，提升我国产业在全球市场的价值链，培育国际竞争新优势，从而提高我国在全球经济等领域中的话语权。

5. 坚持共享发展，维护社会公平正义

以人民利益为导向，不断增加人民福祉，最终实现共同富裕。改革发展的成功与否，其最终判断标准是人民是否能够共享改革发展成果。共享发展就是要以人民富裕来推动国家进一步发展。贫困问题仍是全面建设小康社会过程中的最大短板，我国仍有 7000 多万贫困人口，脱贫工作是实现共享发展的关键。应贯彻“精准扶贫”与“精准脱贫”思想，加大对革命老区、民族边疆地区以及贫困地区转移支付，大力解决区域性的整体性贫困，并增加对偏远与落后地区的基建投资，其间亦能有效改善民生，补齐经济社会发展短板。同时，就业为民生之本，收入为民生之源，教育为民生之基，社保为民生之依，十八届五中全会在就业、收入、教育和社会保障等方面也给予了高度关注。今后还应重点增加基本公共服务供给，鼓励发展中高端服务业，从而扩宽就业创业渠道；建立更加公平、可持续的社会保障制度，并深化收入分配改革，坚持居民收入增长与经济增长同步、劳动报酬提高与劳动生产率提高同步，有效改善收入分配，提高人民群众满意度；优化教育培养结构，推动职业教育与高等教育共同发展，应用技术人才与高端研究人才协同培养，使人才培养结构能有效适应并促进经济结构升级。在给予人民群众更多受教育途径的同时，实现人尽其才，从而使人民在服务于经济社会发展过程中，能够得到与其劳动技能相匹配的回报。共享发展使人民群众真切感受到全面小康所带来的福利的同时，也必会极大激发人民对全面建成小康社会的勇气与决心，实现“发展为了人民、发展依靠人民、发展成果由人民共享”，最终达到共同富裕。

四、践行五大发展理念，全力推进供给侧结构性改革

供给侧结构性改革，是引领我国经济适应新常态、寻找新动力、实现新发展的重大创新。习近平总书记强调：“推进结构性改革特别是供给侧结构性改革，是‘十三五’的一个发展战略重点。要在适度扩大总需求的同时，着力推进供给侧结构性改革，重点是去产能、去库存、去杠杆、降成本、补短板，增强供给结构对需求变化的适应性和灵活性，推动我国社会生产力水平实现整体跃升。”

1. 正确把握五大发展理念与供给侧结构性改革的辩证关系

五大发展理念与供给侧结构性改革本质上具有必然联系并相互作用，必须正确认识

和把握二者的科学内涵与辩证关系。

（1）深刻认识五大发展理念的科学内涵

五大发展理念，是习近平总书记在党的十八届五中全会上提出的回答和解决全面建成小康社会决胜阶段理论和实践问题的科学理论，是关于“实现什么样的发展、怎样实现发展”的世界观、认识论和方法论，是对马克思主义发展理论的实践运用，是对新形势下我国发展实际问题的理论思考，是马克思主义同中国实际和时代特征相结合的最鲜活的马克思主义。其科学内涵包括发展战略、发展思路、发展模式、发展动力、发展体制机制、发展质量、发展效益、发展要求的全面创新和全新飞跃。它明确指出发展是实现新常态下经济中高速增长和迈向中高端水平的发展，发展是五个方面相互依存、相辅相成、相得益彰的发展，即创新是引领发展的第一动力，创新发展着力提高发展质量和效益，解决的是发展动力问题；协调是持续健康发展的内在要求，协调发展着力形成平衡发展结构，解决的是发展不平衡问题；绿色是持续发展的必要条件，绿色发展着力改善生态环境，解决的是人与自然和谐问题；开放是国家繁荣发展的必由之路，开放发展着力实现合作共赢，解决的是发展内外联动问题；共享是中国特色社会主义的本质要求，共享发展着力增进人民福祉，解决的是社会公平正义问题。

（2）深刻认识供给侧结构性改革的科学内涵

供给侧结构性改革，是习近平总书记 2015 年 11 月 10 日在中央财经领导小组第 11 次会议上首次提出的改革理念，其科学内涵包括“一提高一落实”，根本目的即提高社会生产力水平、落实好以人民为中心的发展思想；“四句话”逻辑思路，即为什么、是什么、做什么、怎么做；“三去一降一补”重点任务，即去产能、解决调优产业结构问题，去库存、解决稳定市场活力问题，去杠杆、解决防范运行风险问题，降成本、解决增加质量效益问题，补短板、解决增强发展后劲问题；“五要”实现路径，即情况要摸清、目的要明确、任务要具体、责任要落实、措施要有力；“五大政策支柱”，即宏观政策要稳、营造稳定的宏观经济环境，产业政策要准、准确定位结构性改革方向，微观政策要活、激发企业活力和消费者潜力，改革政策要实、加大力度推动改革落地，社会政策要托底、守住民生底线。

（3）正确把握五大发展理念与供给侧结构性改革的辩证关系

五大发展理念与供给侧结构性改革，都是习近平总书记系列重要讲话精神的重要内容。五大发展理念是马克思主义发展理论的新飞跃，是我们党关于发展世界观和方法论理论创新的最新成果；供给侧结构性改革是经济发展新常态下改革实践创新的最新要求，是实现我国“双中高”发展的必由之路，明确了为提高社会生产力而推进结构性改革的根本目的、行动方向、工作重点、基本原则。五大发展理念是对发展本质的规律性认识，其活的灵魂是每一个理念都闪耀着马克思主义发展思想上创新的立场、观点和方法；供给侧结构性改革是对发展中供给本质及其规律的科学性判断，其活的灵魂本身就是重大理论创新和实践创新，推进我国经济从粗放向集约、从简单分工向复杂分工、从低级形态向高级形态飞跃也运用创新的立场、观点和方法。五大发展理念为供给侧结构性改革提供了理论指导，是供给侧结构性改革必须遵循的世界观和方法论，推进供给侧结构性改革才是真正践行五大发展理念的体现，在五大发展理念指导下才能取得重大成果。

2. 辩证看待推进供给侧结构性改革的理论与实践要求

推进供给侧结构性改革，是遵循实事求是思想路线的体现，是践行五大发展理念的体现，不仅是有效解决供给侧结构性矛盾的现实需求，而且是我国经济迈向“双中高”的必由之路。

（1）经济新常态下长周期经济治理的创新理论和改革方针

供给侧改革，是对世界经济长周期、我国发展阶段性特征及其相互作用的重大判断，是对注重需求端发展思路的大调整，绝非短期政策变化，而是长周期经济改革方针。一方面，马克思主义政治经济学认为，供求关系是基本的经济关系，供给结构必须配置科学优化、适应需求变化，看待供求结构要对供给和需求状况及其相互关系具体分析，看待经济本质要对影响供求关系状况的生产力与生产关系状况及其相互关系、基本经济制度进行综合分析；另一方面，我国在过去 30 多年的改革开放时期，面对的是国内的短缺经济和快速扩容的国际需求，当时抓住了需求侧这个矛盾的主要方面，实现了长时期经济高速增长；在经济发展新常态下，随着我国经济总量稳步增长，以及随着我国增长速度换挡期、结构调整阵痛期、前期刺激政策消化期“三期叠加”的经济发展阶段性特征日益凸显，面对的是国际需求的增量空间急剧缩小、低端生产的产能过剩问题突出，矛盾的主要方面已经由需求侧转化为供给侧。当有效供给不能适应需求总量和结构变化时，当发展方式和消费需求发生市场普遍短缺转向局部过剩、强调数量转向追求质量的根本变化时，就要从制度变革和创新上对供给关系实施改革，而以中国特色社会主义政治经济学为指导的供给侧结构性改革，抓住矛盾主要方面、解决问题医药对路，成为经济发展长周期下治理经济供给关系的创新性理论指导与精准性改革举措，这一同创新驱动发展战略重在为解决供给问题增强动力的战略性要求相一致，二者与社会发展就是科技创新产生一次次科技革命、带来一次次生产力提高、推动总供给一次次提升、促进经济长期繁荣发展的规律性认识相统一。

（2）引领经济新常态的实践要求与优化供给结构的现实导向

当前，我国经济规模很大、增速很快的长期向好的基本面没有变，经济韧性好、潜力足、回旋余地大的基本特征没有变，影响经济发展的结构性、体制性、素质性的主要矛盾，是供给体系依然大而不优、全而不精，存在供给结构不适应需求变化的突出问题，经济增速放缓看起来是有效需求不足，实质上是结构失衡、供需错配、有效供给不足。其表现特征为“一增、一降、一紧、一窄”，即银行不良贷款增加，GDP 增速，银行和企业盈利能力下降，资金层面较紧，盈利空间收窄，各种风险不断积聚，根治这些经济深层次问题，单纯依靠原有劳动力、资本、技术等刺激政策的发展方式已经不能适应且难以为继，必须抓住劳动力供给、资本流动性、技术创新、自然资源禀赋、社会制度变革等供给侧结构性改革的主线，用改革办法推进结构调整，减少无效和低端供给，扩大有效和中高端供给，增强供给结构对需求变化的适应性和灵活性。

3. 全力推进供给侧结构性改革取得新突破

供给侧结构性改革，不是只动“棋子”，而是调“棋盘”，是真正的结构性改革，为我国培育增长新动能、开创发展新局面迎来了发展的春天，是难得的机遇；也对我国转型发展、全面发展提出了迫切要求，是严峻的挑战。要把挑战化为机遇，重在将改革落实。“非知之难，行之惟难；非行之难，终之斯难。”

（1）在思想上深化认识，将供给侧结构性改革摆在关键位置

习近平总书记从定位、依据、目标、重点与路径上发表的一系列供给侧结构性改革重要讲话是做好这项改革的思想纲领和行动指南。我们的思想要跟上，解决好适应不太主动的问题，向习近平总书记看齐，向党中央看齐，真正统一到党中央供给侧结构性改革的战略部署上来；认识要跟上，解决好认识不够到位的问题；行动要跟上，解决好引领不够有为的问题，真正把供给侧结构性改革摆在发展大局的核心位置。

（2）在工作上精准部署，科学制定体现实现路径及工作方案

在实践中推进“三去一降一补”五大任务的有效落实，科学制定工作方案是先手棋。习近平总书记关于“五要”实现路径的指示精神，系统回答了供给侧结构性改革干什么、谁来干、怎么干等基本问题，是推进供给侧结构性改革的总设计和总方针，为我们推进这项改革指出了目标、指明了方向、指导了方法、指清了途径。

（3）在落实上彻底有效，抓住关键领域和薄弱环节的制胜要诀

“来而不可失者，时也。蹈而不可失者，机也。”对我国抓好供给侧结构性改革落实，既是当务之急，又是根本出路，更是历史性任务。必须抓住重要窗口期，勇毅前行、坚定地干，坚决落实、精准地干。据统计，2015 年我国第三产业增加值占 GDP 的比重比上年提高 2.4%，最终消费支出对 GDP 增长的贡献率比上年提高 15.4%，这些成绩得益于供给侧结构性改革的实施，标志着经济结构优化升级的步伐日益加快、效果日益明显。努力创新发展理念、发展模式、发展路径，以推动科技创新、全面创新为抓手，通过消费供给、投资供给和出口供给的创新，促使公共产品和服务供给在数量、机制、构造等方面发生实质意义的引导式、结构性改变，带动相关产业升级换代的产品、管理、商业模式创新，形成推动经济发展至关重要的供给侧动力新机制。要抓好政策配套跟进，全面对接中央“五大政策支柱”，形成整体融合、有机结合、相互配合的配套政策举措，提高政策措施的针对性和操作性，强化政策叠加效应，为推进结构性改革营造更好的环境和提供良好的条件。要在实践中把握好强调供给与关注需求、发展社会生产力与完善生产的关系，发挥市场在资源配置中的决定性作用与更好发挥政府作用，着眼当前与立足长远的辩证关系，加减乘除并举，围绕调结构、推进去产能，围绕稳市场、推进去库存，围绕增效益、推进降成本，围绕防风险、推进去杠杆，围绕增后劲、推进补短板，如期实现供给侧结构性改革的根本目的。

第三章　我国及国外自贸试验区关税政策创新制度研究

第一节　我国自贸试验区关税政策创新制度研究

一、人民币汇率市场化研究

（一）人民币汇率市场化研究的理论基础

1. 金融自由化理论

金融自由化理论形成于20世纪70年代，是美国经济学家罗纳德·麦金农（Ronald McKinnon）和爱德华·肖（Edward Shaw）针对该历史年代发展中国家金融市场普遍存在的发展不完全、政府直接干预金融、资本市场严重扭曲的状况进行分析后所提出的理论。在研究过程中，罗纳德·麦金农和爱德华·肖认为金融市场被过分管制后会出现扭曲的发展特质。例如，资金供求无法借助利率，而无法被真实地反映；外汇供求无法被汇率真实反映，进而导致资源配置被过分扭曲；经济增长被抑制，资本利用率低下等。在金融和国际经济与时间相关性不断加强的前提下，金融自由化理论主张，要对各国现有的金融制度进行改革，尤其需要打破当前金融机构被政府直接管制的现状，尝试强化国内筹资功能，放松对汇率和利率的管制，辅助其市场化发展，从而使利率和汇率能真正地反映资金供求和外汇供求实际情况，辅助提升国内存储率，最终达成刺激经济增长、抑制通货膨胀的目的。20世纪90年代初期金融自由化理论得到了进一步发展的机会，以马克·威尔·弗莱（Mark Weir Fry）和罗纳德·麦金农为代表的经济学家在针对发展中国家金融改革实践进行总结后，提出金融自由化次序理论。

金融自由化次序理论认为，金融自由化发展战略在发展中国家的运行是具有先后性的，如果发展中国家可以按照金融自由化的顺序来逐步推进金融自由化过程，就能保证发展中国家经济发展的稳固性。金融自由化次序理论相比金融自由化理论更为成熟，但是此项理论并未指出发展中国家金融在自由化方面的发展次序，即如何依据自由化发展规律按照次序发展。由此可见，金融自由化次序理论肯定了发展中国家的金融自由化进程，并为发展中国家循序渐进地实施金融自由化及汇率市场化发展提供了理论基础。

2. “三元悖论”理论

“三元悖论”理论提出于泰国金融危机爆发之后。1999 年，美国经济学家保罗·克鲁格曼（Paul Krugman）针对泰国政府为应付金融危机而实施的开放经济政策进行研究后，认为“三元悖论”理论可作为总结和归纳金融危机影响下固定汇率、货币政策独立、资本完全自由流动三要素相互之间关系的理论。其认为此三要素可以作为三个目标，在具体应用的过程中只可同时实现两个。三者之间的关系如图 3-1 所示（图中灰色部分的三角形表示“三元悖论”），其中货币政策独立，表现为一国货币政策当局在设计和执行货币政策时，不需要考虑汇率因素和外部因素。资本完全自由流动主要指开放资本市场在解除各种管制之后，不干涉外部资本的价格和流动，完全由市场供求决定外部资本的价格和流动趋势。固定汇率则是本币汇率在保持相对稳定的水平时，可以为本国经济的发展所提供的较为稳定的外部环境。

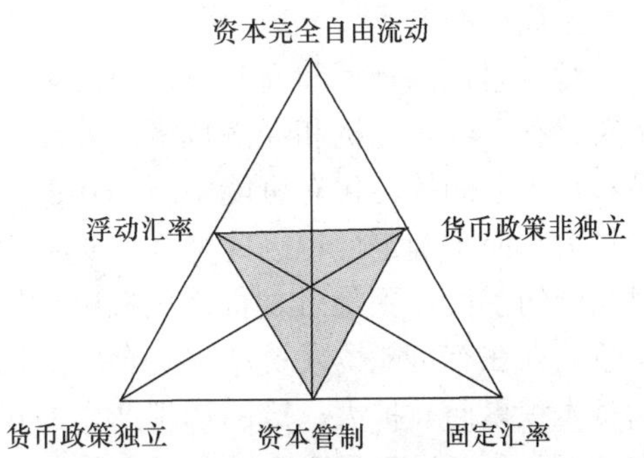

图 3-1 “三元悖论”理论三个目标之间的关系模型

事实上“三元悖论”理论所依据的理论思想源自 1953 年英国经济学家米德所提出的理论，如资本完全自由流动和固定汇率制度目标在保障一国支出的增减政策有效的前提下，不可能同时被落实。

对此 1963 年弗莱明和蒙代尔使用 M-F 模型针对资本完全自由流动条件下，开放经济中的小国的货币政策的有效性展开研究后提出：固定汇率制度下的货币政策在假设资本完全流动的条件下，只能被视为改变外汇储备的基本工具，但是无法对就业和收入产生影响。如此货币政策便会失去其应有的调控宏观经济的作用。在浮动汇率制度下，货币政策的独立有效势必对就业和收入产生明显影响。从另一个层面而言，经济体中同时使用固定汇率制度和资本完全自由流动模式，其此后的对冲操作势必会失去时效性，那么固定汇率体系的存在就会失去其应有的价值和意义。1999 年亚洲金融危机出现之后，克鲁格曼完善了“三元悖论”理论，认为在任何一国金融体系尚未健全或者金融体系十分薄弱的前提下，是不能取消国家对资本的直接控制的。在完善“三元悖论”理论的过程中，引发金融危机的因素众多，甚至包括道德危害。故而克鲁格曼建议一个国家在进行资本控制时，需要强化银行监管，尤其需要在浮动汇率实施的过程中，使用对应的手段来控制资本的过度流入，进而防止外债高涨所引发的金融危机。

从“三元悖论”理论对我国外汇市场化进程的影响层面来看，它所设定的三个目标过于严格，任何一个国家在使用不同政策对经济、外汇、市场等进行控制时，并非都严格按照资本完全自由流动、货币政策独立、固定汇率三个目标来实施，因此其政策组合也未必只针对三个目标，或为了完成两项目标而选择的政策组合。由此，我国外汇市场化改革进程中在借鉴“三元悖论”理论时，同样不需要拘泥于“三元悖论”理论所设定的三个目标。但是“三元悖论”理论所设定的三个目标对我国使用何种政策组合，选择何种目标，结合我国外汇市场化进程在不同发展阶段使用何种政策组合方式等，却起着一定的参考性作用。

3. 马克思金融危机理论

在美国2008年出现次贷危机之后，欧洲相继发生债务危机，原有的西方经济学理论并不能对当前的金融危机发展状况以及未来发展态势进行诠释，由此西方理论界一度出现“回归马克思”的声音。19世纪中后期马克思金融危机理论以商品与货币关系理论、货币信用论、劳动价值论为基础将金融危机划分为狭义和广义两种。其中狭义的金融危机属于单纯意义上的货币危机，而广义的金融危机则是因经济危机爆发而引发的属于一般意义上的金融危机。按照马克思主义资本论的要求，资本过程本身也是货币和商品周而复始循环的过程。

马克思认为货币和商品在价值形态上存在的对立及需要相互转换，使资本主义过程本身就存在金融危机和经济危机。商品买卖在空间和时间上所出现的彼此分离，又使商品和货币之间的转化有可能中断和存在不确定性。信用的产生使空间和时间差异被进一步扩大，而不确定性也因此增强。买卖的分离是危机产生的主要原因，货币作为发挥支付功能的手段，更是引发货币危机出现的诱因。由此马克思认为信用发展、资本积累、竞争的存在有可能诱发资本主义金融危机，尤其在信用和竞争存在的基础上，资本量会因资本积累而被扩大，产品和生产力的扭曲性有可能快速增长，生产和消费之间的矛盾有可能恶化，进而导致金融危机和经济危机负面影响力的提升。

马克思尤其提出虚拟资本市场中的快速发展而过度膨胀，金融系统和银行信贷的膨胀与过度增长，以及与实体经济发展的分离，势必会引发金融危机。在《资本论》第3卷中，马克思提出金融危机将由资本流动和国际贸易从国内扩展到国外，而各个国家的国际货币（贵金属）会因各国生产的不均衡而在各国的国内和国外之间流动。任何国家的生产高涨，势必会吸引资本的内流，生产的降低则会导致资本外流，因此资本流动的速度和规模中也隐含着危机。

马克思以剩余价值存在为视角来论述资本主义将会出现危机的必然性，因此其危机理论的实质界定了生产资料私人占有和资本主义社会生产社会化之间的矛盾。此种矛盾表现为单个企业内部生产的有计划有组织与整个社会生产所出现的无政府状态间所呈现的矛盾，劳动人民的支付能力需求逐渐缩小和资本主义生产的无限扩大趋势之间的矛盾。尽管这两种矛盾看似是引发货币危机和信用危机的源头，但是事实上问题只在于货币和汇票之间的兑换率能否达成。正因为现实买卖按照社会需求已经逐步扩大，而汇票在绝大多数的情况下是代表现实买卖的，因此这两种矛盾才是危机出现的源头。信用促动了生产企业产量的扩展，甚至有可能超越其实体正常运转产生的最大容纳限额，此种实体与虚拟的脱离又催发了以上两个方面矛盾的扩大，并使资本周期性循环无法顺利运行，货币危机和信用危机爆发的可能性势必会增大。

总而言之，从马克思金融危机理论来看，人民币汇率市场化改革工作需要注意实体经济和虚拟经济的融合要求，尤其是两者的发展深度和发展速度必须统一，不能急功近利地片面追求金融资本和银行信贷的过度膨胀。国际金融市场和中国经济国际化发展的不断深化，以及国际资本的逐利性会使我国成为越来越多国家投资所重点关注的对象，在此背景下稳固币值的发展，打开国内市场，注意防范外来资本金投资所带来的安全隐患，是人民币汇率市场化发展要率先关注的重点。

4. 汇率超调理论

1976年鲁迪格·多恩布什（Rudiger Dornbusch）提出了汇率超调理论。此理论假设在短期时间内，资本市场反应灵敏，市场价格水平具有黏性特征，使用利息适时调整的方式可保持货币市场的均衡性；在长期发展过程中，商品市场价格水平可被调整，即购买力平价、无抛补利率平价成立；在对对外开放效果进行考察时，利率和外国价格同样可被作为外生变量或假定常数。多恩布什在研究过程中认为市场在受到外部的冲击时，货币市场和商品市场的反应速度并不相同。商品市场价格调整的速度往往慢于货币市场的反应速度，汇率对冲反应可即刻完成。在短期时间内汇率变动会超过长期价格完全弹性条件下被调整到位的购买力平价汇率。在历经一段时期之后，如果商品市场价格调整到位，那么汇率将从初始水平提升到新的均衡水平。

从汇率超调理论来看，作为外汇市场供求信号，汇率价存在超调的可能性，因此我国在针对外汇市场供求关系进行判断时，必须考虑此因素。但是汇率超调理论本身也存在一定的缺陷，如不能对汇率的瞬间调整和已经调整到位的均衡水平汇率进行差值的比对，进而对比对的结果进行明确的验证，但是汇率超调理论对我国汇率市场化发展的过程而言，却可以为强化风险控制和减少外部冲击的措施应用范畴提供一定的理论基础。

（二）汇率制度的概念及分类

汇率制度又名汇率安排，主要指一国货币当局在对本国汇率基本方式所进行的系列规定和安排。现阶段关于汇率制度的分类，国内外尚未出现统一性的结论。这里主要按照汇率变动的幅度和方式，将汇率制度分为浮动汇率制、中间汇率制、固定汇率制三类。现阶段国际货币基金组织（International Monetary Fund，IMF）将绝大多数国家的汇率制度设定为中间汇率制，此种制度介于浮动汇率制和固定汇率制之间。

1. 浮动汇率制

在任何一个国家对外币和本币的汇率上下波动界限及黄金评价不进行规定的前提下，当局自然不会承担维护汇率波动界限的责任。在浮动汇率制这种制度下汇率会因市场供求关系的动态变化而出现自由上下浮动的状况，而此种状况正是1972年固定汇率制度崩溃后原为中心的汇率制度新的动态发展趋势的自然反映。浮动汇率制在提升外汇市场灵活性的同时，也会增加运用此种制度国家的金融风险和外汇风险。

2. 中间汇率制

中间汇率制是指有管理的浮动汇率制，其要求在一定浮动空间内保障一国货币，在政府不定期地按照自身需要干涉和管理货币的前提下，还可以保证经济正常发展、外汇市场稳定发展。中间汇率制按照具体实施的需要可以分为爬行钉住制、可调钉住汇率制、爬行带内浮动汇率制、钉住一篮子货币制、管理浮动制等。中间汇率制作为具有稳定性和开放性的汇率制度安排，对于预防外汇市场所产生的危机、保障外汇市场的稳定性、发展国家经济等均具有良好的推动作用。

事实上，在布雷顿森林体系崩塌之后，相比较20世纪80年代的15%比值，90年代使用中间汇率制的国家比值提升到了40%。但是现阶段IMF认为近20年来大多数国家使用的中间汇率制是不同的种类，这与货币危机和金融危机在近年来的频繁变化，以及在开放经济条件下，各国参与世界经济活动频次的提升，外部经济对内部经济的冲突和影响等密切相关。我国在参考一篮子货币制、有管理的浮动汇率制度后，当前所使用的汇率制度即中间汇率制。我国在经历了固定汇率制度、有管理的浮动汇率制度等发展历程之后，汇率市场化处于不断推进中，但是按照我国汇率市场化的进程和效果来看，还没有达到浮动汇率阶段，即我国仍处在汇率市场化的推进时期。

3. 固定汇率制

固定汇率制主要指以法定含金量和本位货币作为汇率确定的基准，为保持汇率的相对稳定，汇率波动的幅度将被限定在一个较小的范围内的汇率制度。美元化和货币局制度属于固定汇率制。其中美元化是以美元为中心的货币体系，按照金本位制度下固定汇率制度的安排要求，黄金将被作为两国汇率价的决定基础，在具体运行过程中汇率只能围绕铸币实行6%左右的波动，正因为波动幅度极小，所以汇率基本可以维持稳定性。

货币局制度从属于固定汇率制，在固定汇率制的限制下必须钉住另外一种强势货币，如人民币与美元，美元将成为人民币的锚货币。固定汇率制同时要求政府必须使用立法的形式，来对已经确定的锚货币与本币之间可无限兑换的固定比率进行明确界定。固定汇率制具有降低经济活动的风险和不确定性的优势，并可以防止通货过度膨胀和稳定物价，然而固定汇率制因政府对市场干预过强而缺乏灵活性，因此不利于市场经济的快速发展。

（三）人民币汇率制度的历史演进过程

自1949以来，我国的经济体制历经了一个从技术经济体制向社会主义市场经济转型的过程。自从加入WTO，我国经济得到了极大的发展，相应的人民币汇率制度也历经了四个演变阶段，即行政管制汇率制度阶段、双轨制向单一汇率制度转型阶段、单一有管理的浮动汇率制度发展阶段、参考一篮子货币制及管理型浮动汇率制度阶段。

1. 人民币汇率制度的行政管制汇率制度阶段

我国经济1949～1980年处于计划管理时期，此阶段我国经济的发展速度极为缓慢，对外经济贸易的往来规模有限，政府高度控制经济及其他各个方面的发展进程。就汇率制方面而言，在政府的制约下汇率被限定在美元与人民币1∶2.46，同期发达国家出于调整对外贸易的需要也使用固定汇率制。

但是相对而言，我国的汇率变动幅度极大。1953～1973年，我国以美元作为汇率制衡量的基础，汇率走向偏高，无法切实反映市场的供求变化；汇率制脱离市场，使得其应有的调节经济的作用无法良好发挥出来。1973～1980年，在布雷顿森林体系解体的影响下，发达国家的汇率逐渐出现浮动，进而影响我国汇率制度的发展。虽然人民币出现升值，但是经济的缓慢发展导致贸易逆差出现，在高度计划经济的大环境下，汇率仍处于政府的高度管控下。我国在IMF中的地位是在1980年恢复的，在遵守货币基金组织规定的基础上进行汇率调整时，我国却没能在短期内完成汇率的单一性调整。

事实上在中华人民共和国成立之前我国就屡次调整人民币汇率形成机制，早在 1979 年，我国企业出口获得的所有外汇收入都需要结汇到银行中，任何企业对此项的应用都需要向国家申请。按照此种运作形式来看，显然外汇市场在国家的宏观调控下并没有真正形成外汇市场，人民币汇率形成机制同样缺乏构建的环境。1988 年之前国家外汇管理局以上海、北京等 12 个大中城市为试点，尝试进行外汇调剂业务的推广。中国首家公开外汇调剂中心在 1988 年于上海建立后，使用会员制度开展业务，会员制度以竞价机制为依托，交易确定后实施资金集中清算。在此之后，各大中城市都开始逐步建设符合本市需要的外汇调剂市场，从此之后中国汇率形成机制开始进入外汇调剂价格和官方汇率并存的时代，即双轨制时代。

2. 人民币汇率制度的双轨制向单一汇率制度转型阶段

双轨制向单一汇率制度转型是从 1981～1993 年。其中 1981～1984 年是双重汇率制的出现阶段，为支持外贸经济的发展，我国开始对对外贸易实施内部结算汇率的运作方式，但是此阶段官方汇率同期存在。美元的升值和人民币的贬值是此阶段人民币汇率制度调整面临的困境。以此为背景，发展到 1985 年，我国开始实行单一汇率制，但是国内物价的大涨和人民币的多次贬值，使得单一汇率制开始向双轨制方向发展。在新汇率制度的影响下，随着外汇储备的下降，国内的对外贸易出现大幅逆转，如美元和人民币的兑换率为 1∶12。

我国对人民币汇率形成机制的大调整始于 1994 年，中国人民银行（简称实行，下同）《关于进一步改革外汇管理体制的公告》颁布之后，汇率并轨机制开始运行，以市场供求为基础，有管理的、单一的浮动汇率制度也从该年代开始运作。中国外汇交易中心成立后，取消外汇上缴制度和留成，推动银行强制结售汇成为汇率改革的基础。国内将外汇市场分为两大部分，其一为客户与银行之间的零售交易市场，其二是银行间实施批发交易的市场。在第一个阶段，央行每天都会公布几个主要国家货币汇率中间价和人民币的对比值。以此为依据，外汇指定银行会在央行规范的浮动范围里对客户挂牌的价格进行界定，并按照此价格来和客户进行外汇贸易。在第二个阶段，外汇指定银行为平衡结售汇业务办理时所产生的头寸，会在市场中实施结售汇头寸贸易，但是贸易并非按照外汇指定银行自身利益为运作基础，而是按照外管局头寸管理的要求执行。

以此为背景零售市场的外汇交易情况会被反映到银行间的外汇市场中，汇率在决定银行间外汇市场的同时，也为银行间外汇市场的特征如会员制度、撮合成交方式的出现奠定了基础。首先，外汇市场的会员制度运作下，符合会员制度要求的金融机构和分支机构可提交会员申请到我国外汇交易中心，并借助审核的模式使自身成为我国外汇交易中心的会员。在此种制度运作的过程中，我国会员可分为两类，前者是不能自营任务、只能经营代理业务的会员，而后者是可参与到代理业务和自营业务中来的会员。其次，撮合成交方式是中国银行间外汇市场上两种交易模式之一。在现有的结售汇制度下，个人和外贸企业及外汇市场中的外汇指定银行以零售市场为基础进行结汇和售汇时，外汇指定银行因客户结售汇业务、银行间外汇市场交易、外汇指定银行自身结售汇业务而构建起的外汇综合头寸，如果超过限定额度，就会在银行间外汇市场中“抛补头寸”，进而产生外汇的供求关系。汇率每日在外汇市场中的变化都被规范到固定区间里，如果汇率的波动已经达到了规定浮动区间外，为稳定汇率央行会进入外汇交易中心公开市场操作室买卖外汇；如果尚未到此区间，央行需要按照政策需要，决定是否需要对外汇进行干预。外汇市场中外汇供求关系的变化与汇率的形成密切相关，这是由会员交易决定的，而零售市场中的个人和企业的交易行为也同时会影响外汇指定银行交易量，进而诱发汇率的形成。

在进入外汇留成制度构建时期后，我国购汇牌价逐步提升，国家开始允许企业留下20%的外汇自用，但是也可以继续使用传统型外汇调剂中心的交易形式，如按照买家出价的高低自由选择买卖对象，而不是完全依托于国家。计划外外汇调剂价格因为平价外汇的出现而存在，低于真实市价的平价外汇与计划外外汇调剂价格的对比，诱发了外汇双轨制的出现。外汇调剂中心发展速度的不断提升，也推动了我国外汇市场发展形式的转变。1993 年，我国调剂中心服务中的外汇在全部外汇中占 80%，而政府方面的外汇调控仅占 20%，如此可见实行双重汇率制度对外汇市场的影响。

3. 人民币汇率制度的单一有管理的浮动汇率制度发展阶段

我国在 1994 年～2005 年 7 月所进行的单一化、有管理的浮动汇率尝试为我国的外汇储备做出了极大的贡献，但是同时也影响了外汇市场的正常发展趋势。1994 年，我国开始实施汇率并轨制度，以外汇市场供求作为浮动汇率制度发展的辅助。在并轨后我国人民币出现了大幅度的贬值，我国企业产品出口频率提升，外贸顺差大幅增大。我国从 1994 年开始实施强制结售汇制度，此制度要求个人和企业所赚得的外汇，除按照国家规定需要部分汇入国家指定的外汇账户外，必须遵从指定银行确定的买入价将外汇卖给外汇银行，其规则表现为外汇指定银行需要将超过国家外汇管理局批准头寸标准外的额度纳入市场中，央行通过买入此类外汇来积累外汇储备，并对应地放出人民币。中国外汇交易中心在 1994 年成立之后，外汇市场中的买卖中具有资格的只有得到外汇管理局和央行审查批准的包含商业银行在内的金融组织，其中因央行作为核心会员强制结售汇制，而使得市场交易只限于个别银行之间的小额拆借业务。

按照 1994～2004 年央行对外汇市场的干预方式来看，央行在干预目标方面选择的是外汇买卖稳定汇率，并借助调整基础货币量来对应地调整货币供应量。此阶段央行需要依赖全国进出口商品的平均换汇成本，来调整人民币和美元的基本汇率。在央行对外汇市场的干预下，中国的外汇市场看似保持稳定的发展态势，但是实际上运用的汇率却相对灵活，尤其在 1994 年的汇率改革后，我国汇率制度的调整使得实际汇率更适应于出口部门的日常运作。我国实际出口所依赖的 1 美元换汇成本被央行视为对外汇市场的干预目标，具体表现为央行调整名义汇率，并保障与其他名义变量相比存在滞后性，那么央行就可以降低外汇汇率的实际干预成本。

1996 年，我国在接受《国际货币基金协定》第八条规定后，执行人民币经常项目下的可兑换制度，此制度要求外资可自由地进行人民币和外币的兑换，而正常对外贸易等的经常项目交易的顺畅性，又为外资来华投资、对华贸易、中国企业的国际市场发展提供了有利条件，这势必会增大经常项目下的贸易顺差。1994～2005 年，我国央行所进行的外汇市场干预，以降低出口换汇成本、稳定汇率和增加外汇储备为基本目标，然而在 2000 年之后，我国的国际收支极为良好，甚至出现"双顺差"的发展趋向，在加入 WTO 之后，此种发展趋向日渐扩大，随之央行的外汇储备也有所提升。中国银行间外汇市场的供过于求，又导致人民币升值压力增大。央行在此阶段以稳定汇率为目标，完全打破了原有的以积累外汇储备、国际收支顺差为目标的发展态势。尤其需要重视的是，2001～2004年，我国人民币和美元的兑换率并没有出现任何大范围的转变。但是“双顺差”及人民币汇率的稳定性，被美国为首的国家所质疑，国际舆论认为我国的人民币汇率被低估，美国甚至认为中国是“汇率操纵国”。

中国人民银行是干预外汇市场的主体，而财务部并不对此市场实施干预。中国人民银行在对外汇市场资金来源干预方面，主要以外汇储备为工具，但是尚未建立起专业的、专门的账户，此方面可借鉴外汇平准基金的账户操作模式，进一步将央行的基础货币、外汇占款与资金来源等变量区隔开来，尤其需要关注对外汇市场干预规模限制的影响。1996年人民币经常项目的兑换得到有限定的落实，前一阶段的双重汇率被取消，人民币的官方定价被调整，市场定价开始成为人民币新的发展趋向。然而1997年亚洲金融危机期间，人民币尽管面对巨大的贬值压力，依然能保持1∶8.28的美元和人民币的转换率，并一直保持到2005年。

1997～1997年，央行使用冲销干预的方式保持对外汇市场的干预，以调整准备金和再贷款的方式对外汇冲销进行调整，进而调整其货币供应量。发展到1998～2001年，央行的外汇冲销工具开始逐步呈现出再贴现业务和公开市场业务的特征。此阶段央行的冲销工具中，存款准备金率调整、再贴现业务、公开市场业务并存。在此种干预方式的促动下，中国人民币汇率在1997年亚洲金融危机的冲击下暂时保持稳定，但是再贴现、再贷款等冲销方式所具有的效果滞后性也同期反映出来。尤其是在1994～2005年，央行外汇购买额和国际收支相差无几，在央行对外汇市场的频繁干预后，人民币汇率得以保持稳定状态，当然这与我国金融市场不能完整地发挥自身功效密切相关。央行在2002年开始在公开市场业务操作中使用中央票据来进行外汇冲销，此种冲销方式相比再贴现和再贷款，更能体现出央行的主动性，但是无法摆脱央行调整的可持续性差、成本高的劣势。我国外汇市场在此阶段外汇交易品种的单一性，也使得其外汇市场的有限交易规模难以自动平衡汇率的波动，因此汇率稳定目标的维持工作基本需要依靠央行来完成。

在干预途径选择方面，1994～2005年，央行在尚未构建起掉期、远期、互换等外汇交易市场时，其外汇买卖主要通过即期市场来进行。此阶段央行对人民币汇率的调控也会使用联合干预、口头干预的方式来进行。但是即期外汇交易无法保障央行干预的灵活性，由此导致操作空间极为有限。而央行借助远期外汇，可保持人民币汇率水平的稳定性。此种干预方式具有成本小的特征，可强化中国货币政策的独立性，降低央行外汇干预成本，强化干预可持续性等。

在干预频率的选择方面，受到我国汇率制度的影响，央行的干预频率极高。按照央行干预目标来看，此阶段我国以美元固定汇率作为汇率调整的基础，为维护汇率的稳定性，需要增加进入外汇市场干预外汇的频率。2005年之前外汇市场在交易对手方面并没有使用经纪人制度和市商制度，央行以普通会员的身份参与到外汇市场中，与其他会员交易。其中四大国有银行的结售汇额在外汇市场交易量中占绝大部分比例，而四大国有银行是央行外汇交易的重点对象。

4. 人民币汇率制度的参考一篮子货币制及管理型浮动汇率制度阶段

（1）汇率改革动态反应

我国单一钉住美元汇率机制的改革始于 2005 年 7 月 21 日，在改革的过程中参考一篮子货币制，以市场供求为基础的有管理的浮动汇率制度被构建起来，此种汇率制度被持续应用到现在。但是就目前我国汇率制度的运行成效来看，一篮子货币制的种类尚未被完全披露，我国的人民币汇率仍可保持弹性增长或下调的趋势。例如在 2005 年 7 月 21 日改革当日，我国以美元为对比对象的汇率水平从固定的 1∶8.2765 下调到 1∶8.11，升值一次性达到 2%。央行在当日规定从下一个工作日开始，某种货币与人民币交易中间价被视为在前一个工作日闭市后，当日银行间外汇市场美元与人民币兑换的收盘价，每日银行间外汇市场美元与人民币交易价以中国人民银行所公布的中间价格的上下 3‰ 为浮动区间，而人民币和非美元货币的交易价以中国人民银行当天所公布的货币交易中间价的上下 1.5%为浮动区间。

银行间即期外汇市场非美元货币，在 2005 年 9 月 23 日对人民币交易价浮动幅度的界定从 0.15%延展到了 0.3%，央行在 2007 年 5 月 21 日对美元交易的浮动从 0.3%拓展到 0.5%。发展到 2010 年 6 月 19 日，为进一步促动人民币汇率形成机制改革及改革的有效性，央行开始考虑实施一篮子货币制度，并不会对人民币汇率进行一次性的评估和调整。此种制度以市场供求为基础，动态调节和管理人民币汇率的浮动。央行在 2012 年 4 月所实施的即期外汇市场人民币与人民币的兑换率从 0.5%调整成 1%。而外汇指定银行在为客户提供美元和人民币的汇兑率时，要求美元最高现汇卖出价当天和最低现汇买入价的差别不能高出当日汇率中间价的 1%，但可以被扩展到 2%。

（2）汇率改革基本表现

我国银行间外汇市场在 2005 年对外推出外币买卖业务，业务额度的具体数量也由央行界定出限额。从此阶段人民币汇率波动幅度状况来看，央行对人民币汇率波动幅度的控制仍是固定的，限定范围仍极为严密。央行在 2005 年对人民币汇率形成机制实施了改革，表现为：

其一，交易品种更为丰富。2005 年国家推出了八个外汇货币对即期交易，在实践过程中又增加了外币掉期交易和远期外汇交易两种。发展到 2006 年，人民币/英镑交易由中国外汇交易中心增补到外汇市场交易中，外汇市场交易的币种提升了五个。

其二，浮动汇率制度被提出。2005 年 7 月 21 日，浮动汇率制度出现，人民币汇率的弹性更为强烈，美元不再是人民币钉住的目标。

其三，交易主体存在多元化特征。外汇市场交易主体作为本次汇率改革的重点，在 2005 年 8 月 8 日实现主体的扩大之后，符合央行限定的非金融企业和非银行金融机构开始参与到此年度银行间即期外汇市场中，8 月央行也开始提出可以进行外汇指定银行业务的扩展，如扩展了人民币与外币掉期业务和对客户远期结售汇业务。

即期外汇市场在 2005 年汇率改革后，会员数量大幅度提升。发展到 2007 年 6 月 30 日，新增会员 33 家，会员总量增加到 263 家，其中包含外资银行 150 家，企业会员 1 家，中资金融机构 112 家。发展到 2007 年 6 月 25 日，即期外汇市场中第一家具有财务公司身份的会员出现，即中国石化财务有限公司。但是此阶段中国银行间外汇市场依然以银行为核心会员，非金融企业和非银行金融机构的数量仍极少。2013 年 12 月 31 日，我国外汇市场人民币外汇即期会员相比 2007 年有所增加，而银行间外汇市场也逐渐呈现多元化的发展特征。交易主体数额的扩展不仅提升了外汇市场的流动性，提高了市场竞争率，也变相地增强了市场交易的活跃性，有助于人民币市场汇率的市场化发展。

其四，交易方式有所调整。2005 年 8 月，银行间外汇市场率先在人民币外汇远期交易市场中引入询价交易方式（OTC）。2006 年 1 月 4 日，询价交易方式也被引入人民币即期外汇市场中，与此同时，撮合竞价交易方式被保留，而询价交易方式则需要以交易双方信用作为运作基础，交易双方需要自行承担交易运作风险带来的损失，一旦双方产生交易期待，就必须构建起双边授信机制。交易双方的价格被界定后，需要重新进行资金清算的安排。随着询价交易方式的快速引进，双层的外汇市场体系由银行间外汇市场构建，即具有实力的大机构在大额交易的过程中还需要发挥做市的职能，进而为中小金融机构的可持续发展提供流动性支持。外汇市场发展速度的不断提升，使得大机构开始成为人民币对外币汇率的市场主要报价源。相比较汇率改革之前，各个外汇银行均需要被列为外汇对等的交易主体。

其五，强制结售汇制度逐步取消。国家外汇管理局在 2007 年开始针对人民币汇率机制进行新一轮的改革。针对本次改革，国家外汇管理局率先放宽对居民外汇用途、境内机构外汇持有额度等的限制。在改革过程中，个人外汇购汇额度被调整成从每年的 2 万美元提升到 5 万美元。境内机构经常项目下外汇持有额度的限额被取消，即 1994 年以来的强制结售汇制度被取消，中国外汇市场运作所依靠的制度开始向意愿结售汇方向转变。但是本次改革中所存在的弊端则是并没有完全放开对居民外汇用途、境内机构外汇持有额度等的限制，经常项目结售汇被放开的幅度和范围还相对有限，特别是资本项目下居民和企业所持有的外汇额度及用途所受限制极大。此阶段市场交易主体依然无法按照自身的实际需求来进行外汇持有数量的选择，整体外汇市场的发展水平和市场化水平还相对有限。

国家外汇管理局将商业银行作为外汇市场的核心交易主体，其对商业银行外汇持有额度也进行了一定程度的限制。从商业银行结售汇业务量、国际收支状况、本外币经营等方面的情况来看，国家外汇管理局对商业银行结售汇综合头寸的核定，主要施行“上限为核定限额，下限为零”的国家外汇管理局限额管理措施，商业银行对银行头寸按日管理。每个交易日结束后都需要以国家外汇管理局所限定的限额作为头寸保持的衡量依据。临时超过限额的部分，需要在下一个交易日结束前回调到限额内。当然该额度并非一成不变，原则上一个公历年度银行核定外汇限额的变化不超过一次。

（3）汇率改革后市场变化特征

国家外汇管理局在 2012 年 4 月表示我国从 1994 年要求并执行的强制结售汇制度已经退出历史舞台，个人和企业可以保留其外汇收入，从此刻起央行不再是唯一的外汇接受人，而我国人民币的汇率形成机制也开始以结售汇制度及外汇结算周转头寸限额管理作为完善基础，外汇指定银行间外汇市场中所形成的外汇供求，决定了美元、港币、日元、欧元与人民币的汇率，并需要以国际外汇市场行情为货币汇率的套算基础。

在汇率改革完成之后，我国外汇市场逐渐呈现出以下特征。

首先，市场参与者日渐清晰。外汇市场上的参与者逐渐从以往的会员化状态调整成为客户、经纪人、做市商的构成状态。其中经纪人从属于客户，客户还包括一般企业、商业银行、非银行金融机构和央行。做市商存在的价值是对外汇市场中其他外汇交易者供应双边外汇报价，进而达成做市的服务功能。因此，做市商必须持有足够的存货才能满足做市交易的需求，但是一旦存货过多又容易因汇率波动而导致市商的日常经营存在风险。因此，当前我国做市商多为大型国有银行。外汇市场里的经纪人分为电子经纪人和电话经纪人两种，他们需要使用自己所持有的固定网络，来收集和归纳到市商的限定性订单，此类订单经过选择和提炼之后，符合要求的限定性订单会与交易要求匹配，因此其提供的服务实质上属于中介服务，主要依靠收取经纪业务佣金来提高收益，因此并不需要持有账户，仅仅是在银行间外汇市场中和市商进行交易。从此点来看，经纪人只是市商平定头寸的主要通道之一。

外汇市场中真正的需求者和供给者是客户，但事实上，绝大多数客户只能与市商交易，客户包括不属于市商的非银行金融企业、商业银行、企业等，其对于风险的偏好程度、外汇需求动机、外汇流动性需求和保值需求也具有差别性，因此相互之间很难出现直接交易。央行作为外汇市场的重要客户，参与外汇市场的目的却与其他客户不同，其并非以交易为主要目的而是以市场动向为检测目的。一般情况下，央行在外汇市场中的各类行为主要以当局对外币供应及汇率走向情况的探测和控制为前提。在需要稳定汇率时，央行多以会员身份直接到外汇市场中参与买卖，进而调整外汇市场中的供求关系，将外汇市场中的汇率维持在可限定的水平。央行在外汇市场中的频繁进入和频繁干预，不同于以参与者身份来对待外汇市场进行实践操作，当前我国外汇市场中央行主要由中国人民银行承担其外汇市场汇率干预和调整功能。

非银行金融机构主要指保险公司、养老保险公司、养老基金公司、共同基金公司、对冲基金公司及经纪人业务公司等，其外汇交易的进行以资产保值和投资为目的。非金融公司的外汇交易以达成国际服务贸易和商品贸易、进行汇回利润、国外直接投资、冲销外汇风险的应用为主要目标。当前中国外汇市场的会员主要以中国人民银行、外资银行和中资银行为主，财务公司和少数信托投资公司相对有限，而非金融类的企业则相对较少。由此可见，在汇率改革之后我国外汇市场主体多元性相对有限。

其次，央行角色转变干预手段更为直接。2005 年，在我国进行税改之后，尽管市商制度和询价交易模式被引入市场中，但是外汇市场仍以银行间外汇市场和零售市场作为构成主体。央行主要管理汇率波动幅度、汇率中间价、外汇指定银行外汇头寸和挂牌汇率等。相比较 2005 年汇率改革之前，外汇市场在人民币汇率机制新型转变的大前提下，借助外汇做市商头寸额度的增加，使得央行可以以会员身份直接在外汇市场中参与外汇交易，中国人民银行一级同样可作为市商调控外汇市场。此举措降低了外汇市场中参与者对央行行为的跟进及央行对外汇市场干预的透明度，相对而言，商业银行中外汇市场供求方面的影响力逐步加大，这也表明人民币汇率市场化程度在进一步加强中。银行间外汇市场使用询价和竞价两种交易模式来做市商报价驱动主导，其需要交易的产品包括远期交易、即期交易、掉期交易及货币掉期交易，但在实际应用过程中竞价模式只能用在即期交易范畴，而所有交易产品都可以使用询价模式。

在每次开盘前，所有银行间外汇市场都被视为中国外汇交易中心的市商询价对象，再加权平均后所得到的人民币兑换美元汇率的中间价格即当日汇率价格。中国交易中心对欧元、港币、日元与人民币汇率中间价的确定主要以人民币兑换美元中间价格和当日上午 9 时的欧元、港币、日元在国际外汇市场按照美元汇率套现的标准来确定。汇率市场中人民币与美元的即期交易价格被限定在中间价 1%上下的范畴内。在开盘之后，外汇指定银行被客户所提供的经纪业务和售汇服务以中间价附近为核定范围，客户在接受报价后需要与会员转移头寸。假设外汇指定银行在交易过程中出现了多余头寸，外汇指定银行需要与其他会员在银行间外汇市场上交易，以轧平头寸。例如，央行在当天的净交易头寸高过央行预警线时，会直接进入市场对其干预，进而保持市场报价限额在央行所限定的涨幅区间。

综上所述，我国外汇市场始终在央行干预下进行银行间外汇交易，其交易主体无法自主决定交易额度及是否需要交易，外汇市场的高准入标准导致参与外汇市场交易的主体仅仅为少数的银行，但是其交易方式和交易额度却是无法自主决定的。现阶段人民币汇率也是借助央行和外汇交易市场对变动幅度的调控和限制来形成的，在此背景下所形成的汇率也并非真正意义上的具有市场化的汇率，如此导致真正的市场化与外汇市场之间存在差距。

（四）人民币汇率市场化进程中的干预主体及原则

1. 人民币汇率市场化发展的干预主体及目标

（1）央行干预外汇市场的内涵

人民币汇率市场化主要指人民币汇率由自由、公开的外汇市场中的人民币和外币需求，以及由外币供给的人民币自由决定后，与其他币种之间的兑换率。就我国人民币汇率市场化发展现状而言，中国人民银行（央行）主要充当人民币汇率市场化发展的干预者。

早在 1982 年的凡尔赛工业国家高峰会议上，欧洲工业国家专门成立了研究小组，主要针对 20 世纪 80 年代初期美元对欧洲国家各类货币升值趋势进行研究，研究侧重于是否需要对外汇市场进行国家干预。在 1983 年研究小组的“杰根森”报告中，研究小组对外汇市场干预给予如下界定：在货币市场上任何一个国家货币当局，使用各类外汇买卖形式，来影响本国货币汇率主动或被动的行为，简称为央行外汇市场干预。本书认为央行外汇市场干预从广义层面而言，是央行使用外汇管制、指定汇率制度等间接对外汇市场参与者产生影响，进而影响汇率形成的行为过程。从狭义层面而言，央行外汇市场干预是外汇市场中央行通过直接买卖外汇而调节外汇市场供需的行为。

（2）央行干预外汇市场的目标

央行对外汇市场的干预主要围绕是否需要干预外汇市场、如何进行外汇市场的干预等问题展开。由于央行具有推进经济发展、稳定通货膨胀、稳定货币的职能，因此其执行的货币政策和外汇政策将会影响资本市场的发展。一般情况下，央行将货币政策和外汇政策组合使用，如为配合某种货币政策目标而使用外汇干预方式，为配合央行外汇干预政策而使用货币政策等。现阶段央行干预外汇市场主要有以下四个目的。

其一，基于通货膨胀目标。当前以通货膨胀作为央行干预外汇市场目标的国家大多正在经历或者经历过严重的通货紧缩或者通货膨胀，在固定汇率制度下，央行主要借助对外汇市场的干预，来保持他国与本国货币之间汇率的相对稳定性。我国为保障人民币与美元之间的兑换率，稳定市场和物价，抑制通货紧缩或通货膨胀同样如此。

其二，基于货币总量目标。为稳定物价，央行进行货币总量的控制。在外汇市场中，央行买卖外汇，以市场货币供应量的调节为目的，但是由于影响货币市场供需的因素较为复杂，任何一个国家都无法借助货币政策来对外汇市场干预量进行合理配置。在早期货币发展过程中，以货币总量为目标的各类国家当前都逐渐转变成以通货膨胀作为目标。

其三，基于稳定汇率目标。实施此目标的国家多为使用中间汇率制或固定汇率制的国家。一旦央行直接进入外汇市场进行外汇买卖后，短期汇率波动有可能被央行平抑，或者汇率水平被调整到目标汇率的限定尺度。

其四，基于外汇储备目标。此项行为需要央行具有一定的外汇储备，否则无法抵御国外经济的恶性冲击，进而阻碍本国经济的快速发展。在此要求下，我国央行确立起自持外汇储备的最低额度，以保障本国货币在疲软期时，本国政府依然有能力购买外汇市场的外汇。为达成此要求，央行在不同历史时期推行了不同的货币制度。

2. 人民币汇率市场化发展的干预原则及方式

（1）央行干预外汇市场的原则

央行干预外汇市场的原则，主要是指央行在对外汇市场进行干预时，选择的时间和干预强度，此两者主要由央行的汇率制度所决定。央行在不同汇率制度下，其干预力度、干预方法和干预时机也不同。由于汇率制度是任何一个国家当局立足本国经济发展状况，进行汇率管理和调控时，对组织机构方式原则等所做出的一系列安排和规定，因此将任何一个国家的汇率制度作为一种汇率制度比较牵强，或者可以将汇率制度视为汇率制度安排。

尽管受到浮动汇率制度的影响，央行并不具有干预外汇市场的义务，但是外汇市场中所出现的快速和大幅度波动，将会对本国经济发展和金融市场可持续发展造成损害。因此央行必须随时对外汇市场的发展动向进行监测，尤其要重视监测市场参与者的动向和行为。在短期内，如果汇率波动有可能影响市场的健康发展，央行必须进入外汇市场中对外汇供需关系和汇率进行干预；反之，央行不能出现任何直接参与外汇市场进行外汇买卖的行为。只有坚持此原则，央行才能以参与者角色发挥稳定外汇市场、有效避免外汇市场恐慌的作用。我国央行在固定汇率制度下，有义务将汇率保持在某一种汇率水平。因此央行需要持有大量外汇储备以随时应对货币贬值问题。货币政策及财政政策调节能力也必须随着固定汇率制度运行的需要而不断提升，以固定汇率来应对国外经济危机的恶性冲击。

我国所使用的此种干预原则符合当前绝大部分使用中间汇率制度国家的外汇市场干预要求。如果在较大范围内汇率出现大幅度波动，即外汇汇率不接近央行所限定的价格上下限时，该国的央行不会对本国外汇市场进行干预；如果汇率的大幅度波动接近央行所限定的界限，甚至超出界限时，央行必须进入外汇市场对其进行干预。当汇率接近央行所规定的界限，并存在超出界限的发展趋势时，该国的央行有可能对外汇市场实施外汇干预。具体的运作方式必须通过立法的形式来确定，以防止出现汇率在超出规定区间内的外汇买卖。一旦国家钉住汇率制度后，其可波动范围较小，央行必须对其使用连续干预的政策。由此可见，在对外汇市场进行干预时，针对不同目标我国需要对其实施不同的汇率制度，汇率制度的内容和差异决定着央行对外汇市场进行干预的方法、力度、时机的选择。由此可见，在央行对外汇市场进行干预时，汇率制度不仅影响干预目标，还会成为央行干预外汇市场的基本原则。因此针对汇率制度选择的研究势在必行，可作为央行干预外汇市场原则内容界定的重要依据之一。

（2）央行干预外汇市场的方式

外汇市场干预按照央行具体干预方式可分为间接外汇市场干预和直接外汇市场干预两种。其中，间接外汇市场干预主要指政府不直接参与或直接进入外汇市场进行干预的行为，可分为三种类型。

其一为外汇管制。外汇管制本身包含货币兑换管制，如经常项目和资本账户下的兑换管制、外汇资本运用和收入的管理，以及非贸易出口、贸易出口、由资本输入所引发的外汇收入管理和对非贸易活动优惠、贸易活动用汇的限制等。对经济实体所实施的外汇管制，将会影响外汇市场外汇的需求和供给，从而影响外汇汇率的形成。

其二为使用包含存款准备金率、改变利率等方式，进行本外币货币资产相对收益调整，进而影响市场参与者本外币相对持有数额、外汇供求、汇率水平的货币政策工具。

其三为使用公开宣告的方式直接或间接影响参与者的预估和评价，从而影响汇率的行为。具体如央行公开发表对汇率走势的看法，政府和专家对汇率水平的期待、评价等。

一般情况下，各国央行或专设的外汇管理机构专门负责外汇管制，我国外汇管理局主要是专门负责外汇管制的机构。

直接外汇市场干预主要是央行直接进入外汇市场进行外汇买卖，从而对外汇供需进行干预的行为，其具体可以分为冲销干预、非冲销干预。冲销干预是外汇市场买卖中，任何一个国家的央行都需要借助货币政策工具，在货币市场上抵消外汇买卖对货币供应量所产生的影响，以保持外币供应量稳定性的干预方法。而非冲销干预是指外汇市场中，央行直接进行外汇买卖的同时，市场不使用任何行为的干预方式。在此种态势下，货币供应量势必会出现新的改变。外汇市场干预途径可分为运用远期外汇交易、干预即期外汇市场、运用掉期外汇交易、口头干预、运用外汇回购协议、联合干预几种。

（五）中国央行干预下人民币汇率市场存在的问题

1. 呈现买方垄断趋势

在当前我国所实施的人民币汇率形成机制和汇率制度的影响下，尽管央行进行人民币汇率与国际宏观经济形势的同步调整，但是为避免本国经济受到汇率大幅度波动的冲击，仍坚持以稳定汇率作为干预外汇市场的目标。由于“双顺差”局面的存在，在央行限制外汇市场上银行持有尺寸的大前提下，我国外汇市场中的外汇供大于求，央行仍需要使用被动托盘的方式来缓解外汇市场中的买方压力，如此导致交易额度在整个即期外汇市场交易额中所占的比重极大。早在2005年汇率改革之前，我国外汇市场的不发达导致央行只能以美国汇率作为衡量对象，在绝大部分年份央行外汇市场交易额在整个市场交易额中的比重达到50%以上，垄断地位就此形成。2005年，汇率改革之后，我国外汇银行市场规模的快速壮大使外汇交易额度出现大幅度上升的趋势。国内以"一篮子货币"为钉住的主体，设定汇率波动的范围，在进行外汇市场干预时期压力也因此逐渐降低，此阶段外汇市场交易额在整个市场中占10%的比重，对于外国仍属于相对较高的水平，如此央行仍是外汇市场中的"超级做市商"。

2. 存在大量外汇供给

在 2005 年汇率改革之后我国外汇市场中市场结构为买方占较高比重的发展形态。几大国有控股商业银行始终是我国外汇市场中的主要交易主体。尽管我国在 2007 年一度取消零售市场中的强制结售汇要求，而实施部分意愿结售汇制度，但事实上，近些年所出现的人民币升值趋势，又使得个人和企业除自身需要外，依然不愿持有过多的外汇。因此其手中的外汇向外汇市场银行转售，外汇市场银行仍是外汇市场中的重要主体之一。零售市场中大量外汇的买入，需要外汇指定银行在央行持有头寸上限的限定下执行，须在银行间外汇市场中出售，势必导致外汇市场出现大量外汇供给。我国外汇市场个人和会员种类的不断扩大虽然在紧锣密鼓中进行，但是会员种类仍相对单一，商业银行作为我国外汇市场会员主体，又导致外汇市场中大型商业银行需要提供大量的外汇供给。

3. 央行干预成本过大

央行对外汇市场的干预主要以冲销干预为基础手段，但是此种方法一直存在弊端。例如，央行的发行票据是需要成本的，其显性成本需要央行票据支付利息，虽然央行可暂时对市场的流动性发票进行回收，但是其具有有效期，一旦失效的市场流动性票据被释放出来，银行还需要还款付息，如此势必导致央行债务具有持续性发展的态势。一旦长久下去，在未来的可持续发展中央行所面对的压力将持续增大。货币市场中，央行被迫发行央行货币，又使央行货币理性受损，无法保障对国内经济的总体控制力。

（六）人民币汇率市场化改革后的益处及问题

人民币汇率制度经过行政化管理汇率制度时期等一系列的改革过程后，各个阶段人民币汇率制度的市场化都有所提升。从大方向来看，人民币汇率市场化进程始终是持续发展的，始终坚持以市场发展要求为基础进行汇率的调整。此种运行方式，可利于对汇率市场化决定机制的不断完善，进而使汇率能真正不断反映外汇市场供求关系的真实变化情况。但是需要承认的是，央行基于稳定汇率的目标而直接入市进行外汇买卖，外汇市场上会员及做市商中的部分则在持有头寸的限制下，不得不在外汇市场中进行外汇的买卖。由此导致零售市场中个人和企业在结售汇规定的制约下，与指定外汇银行进行外汇买卖时也并非完全自愿。因此，在 2005 年外汇市场改革之后，市场的外汇供求也并非完全是参与者自愿，或者并非按照参与者自己的意愿进行，人民币汇率在此阶段也并非真正属于市场化的。现阶段我国经常项目下已经可以实现人民币的自由兑换，但是资本项目却尚未完成自由兑换的要求，我国经济实力的逐渐增强和全球金融经济往来的日渐深化，使人民币的市场化发展成为必然趋势，在此种状态下人民币汇率市场的改革在某种程度上将为我国经济的可持续发展带来各类益处。

1. 人民币汇率市场化改革的正面影响

（1）辅助外汇市场寻求最佳资源配置方式

就外汇市场资源配置功能的优化而言，汇率作为价格信号可直接反映外汇供求关系。因此均衡合理的汇率会直接辅助外汇市场进行资源的正确优化配置，使资源被吸引到经济效益较好和生产效率较高的企业和经济部门中，因而要为此类企业和部门的生产投资提供资产支持，进一步改善生产技术和产品质量，降低各类不必要成本，提升行业水平等，进而完成其优化资源配置的基本要求。一般情况下，健康的汇率发展趋势将促进经济的正面增长，反之则会制约外汇市场的资源引导成效，进而恶化经济结构，引发各类经济危机风险和潜在金融风险。

在外汇市场改革之后，我国外汇资源的日渐丰富也带来了新的问题，即如何构建一个完整健全的外汇市场，如何确定汇率制度的合理性，如何将当前外汇市场中的资源进行有效整合和配置，如何保障当前外汇市场中的资源可以辅助汇率制度进行市场化发展等。在布雷顿森林体系解体之后，各个国家的资本市场逐渐开放，国际汇率市场也逐步出现不确定因素，我国也因持有巨额外汇而日渐得到各个国家的关注。只有加快人民币汇率的市场化发展，构建灵活自由的外汇交易市场，才能保障外汇储备资源配置的最优化调整，进而实现我国经济的快速发展目标。

仅就巨额外汇储备而言，如果无法实现外汇的市场化发展，巨额外汇储备便仅仅是储备，无法对国家经济发展起到应有的促进作用。如果投资到其他国家的市场中，由于其他国家的被投资者是国家而并非独立自主的市场主体，因此容易导致投资收益不够均衡、不够准确进而导致投资失误和收益降低。银行持有外汇以国有企业为款项贷出主体，现阶段无法有切实的依据来证明此类国有企业就是我国外汇市场资源配置的最佳选择。实行汇率市场化发展制度，借助真实的价格信号来反映市场需求，这才是降低资源浪费、优化资源配置和防止配置扭曲的重要手段。

（2）有效防止外汇市场中投资资本流入

当前我国经常项目账户和资本账户均处于双顺差状态，这也是国际市场始终对人民币升值抱有期待的主要依据。但是此种状况容易导致国际投资性资本大量流入国内外汇市场。我国政府当前为稳定经济，在保护大批出口型企业的过程中，人为地将汇率保持在可控的范围内，对于流入我国外汇市场的投机性资本，央行与之的对冲将容易导致我国外汇储备数额的增大以及诱发通货膨胀的出现。

现阶段我国使用的参考一篮子货币制、有管理的浮动汇率可以按照其所约定的货币比例进行汇率市场化的调整，而调整的过程中政府的干预将会有所减少，如此国际市场对我国人民币升值的预期也会有所降低，从而防止投资性资本流入我国外汇市场，此种做法可有效缓解我国通货膨胀的发展速度以及预防金融危机的出现。现阶段我国货币投放量及通货膨胀因经常项目创造的外汇和投资性资本的流入而不断增加及加剧，虽然央行作为我国外汇市场的政策制定者和重要参与者，对市场干预力度有所提升，但是各类不必要的负面经济影响也因此出现。例如，出口导向型经济在连续多年内促使我国出口企业的年创造外币只有卖给外汇指定银行后，央行才能对外汇指定银行所买入的外汇进行最终购买。如此，央行所放出的货币只有不断地增加到外汇指定银行中才能最终流入市场。1990 年以来，从我国货币供应量的波动情况来看，我国货币供应量持续出现高速增长的态势，因此所导致的通货膨胀逐年增加，尤其是在 1994 年，通货膨胀率甚至达到 24.21%。近年来，我国同样呈现通货膨胀恶化的趋势，原材料价格成本和消费品价格成本的不断上涨直接影响了我国国民的生活质量和水准。

尽管 1994 年之后我国的通货膨胀率有下降的趋势，但是从总体而言价格指数基数仍相对偏高，即便是存在通货膨胀率降低也无法抵消其对我国经济所产生的负面影响。如果推进人民币汇率市场化进程，并在此过程中培育健康完整的外汇市场环境，使央行不再充当最终买手的角色，允许并促使进出口所得的所有外汇在外汇市场中自行买卖，那么资本自然会流到可创造出最大利润值的市场主体方，如此央行也可暂停为购买外汇而继续发行巨额人民币，以避免不必要的货币供给状况。从整体发展而言，实施人民币汇率的市场化可有效降低投资性资本的流入，并帮助央行省去参与外汇市场调节外汇率的曲折过程，进而促使央行成为外汇市场监督的直接操控者，并辅助外汇市场构建健全完整的市场交易规则，进而维护市场交易的顺利运转。当前随着我国国际化发展步伐的不断加快，经济规模在逐步扩展中，如果央行继续对市场进行干预，投资性资本有可能不断涌入我国外汇市场，如此发生金融危机的可能性势必会加大，从此种状况来看，进行人民币汇率的市场化发展，势必是阻止投资性资本流入我国外汇市场的必要途径。

（3）辅助中国经济机构的自我完善

人民币汇率的市场化会催生外汇市场对人民币汇率的自行调整，在汇率自行波动的过程中，汇率必将会停滞在一种比较均衡的水平，此水平可作为政府按照我国国内经济发展状况来确定对应的货币政策的基础，此可视为我国国内货币政策完善的基准。央行在对我国外汇市场的调节过程中，一方面要推行适当的货币政策，来保障国内货币市场的平衡性，另一方面则要设计和推行恰当的外汇政策来保障国内外汇市场的平衡性。如果国内市场对人民币持续币值的低估与国际市场对人民币升值预期之间的矛盾不断增大，政府就需要向市场补充人民币来完成对冲要求，那势必会造成国内市场的通货膨胀。央行直接对外汇市场的干预，等同于人为地干预人民币汇率，其干预以我国外汇市场的稳定性为基本目标，但是会为国内市场的通货膨胀提供发展平台，进而影响货币政策独立性的发挥。此种运作方式的结果，会导致我国在外汇市场上必须承担防范投资性资本所带来的各类金融风险，并相对地恶化国内金融发展的环境，因此它并非外汇市场调解的最佳方案。

2. 人民币汇率市场化改革的负面影响

（1）我国金融市场稳定性被打破

人民币汇率的市场化发展将提升人民币汇率波动的灵活性，人民币在外汇市场中的自由交易，又使得人民币将面临其他国家货币带来的各类风险。随着我国国际化发展速度的不断加强，世界经济体之间的相互影响和融合速度有所提升，一旦出现货币危机，就可能直接借助外汇市场而影响我国人民币的稳定发展。我国作为世界第二大经济体，具有极大的经济发展潜力，因此国外资本涌入的动力极强，但是国外资本的大量涌入，有可能使我国经济金融处于不稳定状态。现阶段我国金融市场在短期资本流入方面缺乏全面的监督，并且尚未建立起健全完整的金融市场监督规则，因此在人民币汇率的市场化发展过程中，很难积极、主动、及时地预防金融危机。从泰国和墨西哥在 20 世纪 90 年代所出现的金融危机来看，过快放开资本自由流动管制所带来的风险极大，因此我国无法按照此方式来调整我国的金融市场。在金融安全问题和利率市场化发展要求的双重影响下，我国金融市场的稳定状态有可能被人民币汇率市场化改革趋势所打破。

（2）我国出口企业的优势被弱化

伴随着人民币汇率的市场化改革，短期内人民币的升值取向势必会提升，此提升过程对出口企业和出口产品而言，将在价格范畴产生新的影响。例如，在人民币汇率市场化的发展过程中，以往比较具有优势的产业、生产低附加值产品的行业和传统行业的成本将有所提升，工人失业和企业倒闭的现象无法遏制，尤其是鞋帽业、服装业、高科技产业等在此种浪潮中倒闭的案例将不胜枚举。2008 年开始，受到国际金融危机的影响我国温州中小企业大量倒闭，国际市场上人民币的升值又使得出口贸易价格优势受到损害，国内市场通货膨胀的持续高位使得中小企业的原材料采购成本、用人成本、融资成本持续飙升。中小企业的难以为继，虽然在宏观层面与人民币汇率变动和进出口之间没有直接的因果关系，但是作为微观市场主体，汇率任何轻微的变动都有可能对其产生巨大的影响。由此可见，人民币汇率的市场化发展，虽然是我国经济发展的必然趋势，但是在发展过程中势必会牺牲大量不具有长期可持续发展性优势的企业，此种牺牲对于这类企业而言也是一种生存性的挑战，属于产业优化升级，是企业调整产业环境的机会。

二、中国四大自贸试验区关税创新制度

1. 中国四大自贸试验区建设基本情况

（1）上海自贸试验区

制度创新是自贸试验区建设的核心，上海自贸试验区通过先行先试，探索形成制度创新成果，率先形成了可复制、可推广的改革经验。分析上海自贸试验区的制度创新，主要在以下四个方面取得了突破：一是创新投资管理制度，实现了由正面清单管理和审批管理向负面清单管理和备案管理的转变，形成更加开放透明的投资管理体制；二是创新贸易监管制度，基本建立了以便利化和国际化为特征的贸易管理制度框架，推行“单一窗口、分类监管”，监管水平和能力不断提升；三是创新金融制度，探索以资本项目可兑换和金融开放为目标的金融创新制度，服务实体经济；四是创新事中事后监管制度，综合监管执法基本制度框架初步形成，推动了政府职能从事前审批和主体监管向事中事后监管和功能监管转变。

在取得上述突破的基础上，为进一步深化上海自贸试验区改革，扩大改革开放效应，并在有条件的地区成系统地推广复制上海自贸试验区行之有效的成功经验，2015 年 4 月 20 日，国务院批准发布了《进一步深化中国（上海）自由贸易试验区改革开放方案》及天津、福建、广东三地自贸试验区总体方案和适用于上述四个自贸试验区的负面清单管理方案，从加快政府职能转变、深化与扩大开放相适应的投资管理制度创新、积极推进贸易监管制度创新等多个方面对自贸试验区改革任务与措施做出部署。继上海之后，推进天津、福建、广东三地自贸试验区建设将为我国深化改革、扩大开放积累重要经验，将上海自贸试验区改革“试验田”所培育的制度创新“种子”播撒到全国各地，对实现国家战略具有重要意义。

（2）天津、福建、广东三地自贸试验区

第一，促进京津冀协同发展，推动天津自贸试验区建设。天津自贸试验区包括天津港片区、天津机场片区以及滨海新区中心商务片区三片区域。自贸试验区的实施范围为119.9平方公里，其中天津港片区30平方公里（含东疆保税港区10平方公里），天津机场片区43.1平方公里（含天津港保税区空港部分1平方公里和滨海新区综合保税区1.96平方公里），滨海新区中心商务片区46.8平方公里（含天津港保税区海港部分和保税物流园区4平方公里）。京津冀协同发展与京津双城联动发展是中央在新的历史条件与经济发展形势下做出的重大决策，是一项国家层面的区域发展战略。新战略将促使各地区通过凝练核心竞争优势、产业转移与资源再配置，形成特色明显、资源融合、优势互补、利益共享的区域职能分工体系，避免在传统的独立发展的理念下出现各自为政、地方保护、产业同构重复建设与恶性竞争现象。天津自贸试验区的设立无疑将为京津冀协同发展构建一个高水平的对外开放平台，为外向型经济发展提供一个制度创新高地。

天津自贸试验区将使京津冀三地在货物贸易、服务与投资便利化方面广为受益。例如，已经实施的三地海关通关一体化就是典型的例证。京津冀协同发展也将为天津自贸试验区提供坚实的发展腹地，并通过辐射环渤海地区进一步带动华北、东北、西北地区的经济发展。在天津设立自贸试验区将有力改善中国北方的市场营商环境，为构建更加开放的经济新体制创造制度高地，实现以开放倒逼改革的战略目的。天津自贸试验区还可以充分发挥其作为亚欧大陆桥的港口区位优势，设立丝绸之路保税区，对相关货物试点实施通关便利化，增强对欧亚大陆桥沿线国家和地区的转口服务功能，深入发展大物流产业，提高和完善覆盖丝绸之路经济带的物流网络体系和商贸与服务经济体系，拓宽融资平台，全面支持丝绸之路经济带基础设施与互联互通建设。

第二，发挥福建对台优势，推动福建自贸试验区建设。福建自贸试验区由福州片区、厦门片区和平潭片区三部分组成，自贸试验区的实施范围为118.04平方公里，其中平潭片区43平方公里，厦门片区43.78平方公里（含象屿保税区0.6平方公里、象屿保税物流园区0.7平方公里、厦门海沧保税港区9.51平方公里），福州片区31.26平方公里（含福州保税区0.6平方公里、福州出口加工区1.14平方公里、福州保税港区9.26平方公里）。从地理位置上来讲，一方面福建与台湾隔海相望，因此，突出对台自由贸易将是福建自贸试验区的最大特色，同时福建相对于台湾在劳动力资源和土地资源方面均具有比较优势，福建自贸试验区将加大直接投资优惠政策，以吸引台商向内地转移劳动密集型产业。另一方面，福建是海上丝绸之路的重要起点和发祥地，从承接“一带一路”的功能定位上来讲，福建自贸试验区对外开放的基础条件良好，在完善港口类基础设施建设的基础上，将迎来重要的发展契机。

福建自贸试验区最大的亮点在于定位明确，而且彰显地域特色。在具体试验措施方面，例如在对台上，整个方案16条其中对台四条加上平潭三条就占了近一半，可见福建方案的地域和地区特色十分突出。整个方案在各个片区的梳理上也非常清晰，体现了对比试验和互补试验的要求。平潭片区重点建设两岸共同家园和国际旅游岛，在投资贸易和资金人员往来方面实施更加自由便利的措施。厦门片区重点建设两岸新兴产业和现代服务业合作示范区、东南国际航运中心、两岸区域性金融服务中心和两岸贸易中心。福州片区重点建设先进制造业基地、21世纪海上丝绸之路沿线国家和地区交流合作的重要平台、两岸服务贸易与金融创新合作示范区。方案在创新上也有所突破，有多个创新点和突破点。例如，在政府转变职能、投资体制、转变贸易方式、对台、金融改革、平潭国际旅游岛的提法方面，都是非常新的试验内容。

目前，福建自贸试验区的对台经贸合作仍大有可为，按照立足自身实际情况、借鉴上海、对接台湾、敢于尝试的改革思路，福建自贸试验区边改革边建设，在全面复制推广上海自贸试验区的试点经验和创新机制的基础上，出台“一线放宽、二线管住、人货分离、分类管理”的对台优惠政策，实施保税展示交易、批次进出集中申报、先进区后报关、区内自行运输、简化统一进出境备案清单、集中汇总纳税、简化无纸通关随附单证、内销选择性征税、智能化卡口验放等制度，在相关配套建设上取得了阶段性进展，诸多领域正通过改革创新稳步推进。

第三，联系粤港澳、辐射珠三角、推动广东自贸试验区建设。广东自贸试验区包括广州南沙新区片区、深圳前海蛇口片区、珠海横琴新区片区。自贸试验区的实施范围为116.2平方公里，其中广州南沙新区片区60平方公里（含广州南沙保税港区7.06平方公里），深圳前海蛇口片区28.2平方公里（含深圳前海湾保税港区3.71平方公里），珠海横琴新区片区28平方公里。从地理位置上来讲，广东自贸试验区主要立足于加强内地与港澳经济的融合，因此广东自贸试验区拟以“对港澳开放”和“全面合作”为方向，在投资准入政策、货物贸易便利化措施、扩大服务业开放等方面先行先试，以实现区内货物和服务贸易自由化。另外，2015年1月初李克强总理亲自启动深圳前海众银行，显示了对小微金融创新的大力支持，未来广东自贸试验区有望成为包括金融创新在内的各类创新创业的前沿阵地。

广东自贸试验区的立足点就在于粤港澳深度融合，实现货物贸易、服务贸易、与贸易有关的投资、与贸易有关的知识产权等全方位对接。在贸易、投资、金融等方面互联互通，形成合力，共同发展。人员、资金、信息等经济发展要素无障碍流通和共享，在经贸规则层面实现互认。深入推进粤港澳服务贸易自由化，进一步扩大对港澳服务业开放。推进粤港澳管理标准和规则相衔接，实现三地人员、资金、信息等要素便捷流动。强化粤港澳国际贸易功能集成，推进贸易发展方式转变。建立与粤港澳海空港联动机制，建设海上丝绸之路物流枢纽。搭建粤港澳金融合作新机制，推动与粤港澳跨境人民币业务创新，扩大人民币跨境使用，开展双向人民币融资，推动适应粤港澳服务贸易自由化的金融创新。探索建立与港澳金融产品互认、资金互通、市场互联的机制，推动粤港澳投融资汇兑便利化。探索实行本外币账户管理新模式，设立面向港澳和国际的新型要素交易平台。创新粤港澳口岸通关模式，推进建设统一高效、与港澳联动的口岸监管机制。加快推进粤港、粤澳海关之间信息互换、监管互认、执法互助。支持发展跨境电子商务，建立海关监管系统与跨境电子商务平台互联互通机制，加强信息共享。

从广东自贸试验区方案的空间布局来看，南沙片区重点发展航运物流、特色金融、国际商贸、高制造等产业，建设以生产性服务业为主导的现代产业新高地和具有世界先进水平的综合服务枢纽。深圳前海蛇口片区应充分发挥联通深港的优势，重点发展金融、现代物流、信息服务、科技服务等高端服务业，建设我国金融业对外开放试验示范窗口、世界服务贸易重要基地和国际性枢纽港。珠海横琴片区要充分发挥毗邻澳门的优势，重点发展旅游休闲健康、商务金融服务、文化科技和高新技术等产业，建设文化教育开放先导区和国际商务服务休闲旅游基地，打造促进澳门经济适度多元化发展的新载体。广东自贸试验区的空间布局具有很强的辐射带动功能，建成之后可以真正实现珠三角和东西两翼及山区的双赢发展的多年愿望。

2. 中国自贸试验区关税政策

我国四大自贸试验区包括关税政策在内的税收特惠政策，主要配合国家内需促动的宏观政策来设计和执行。例如，在借鉴美国逆关税减让政策后，设定进口原材料进口关税时，课税可按照关税税率最低的产品和原材料价格及标准来执行，产生的关税减让被视为鼓励国内自贸试验区产品外销的基础和依据。

由于上海自贸试验区与其他三个自贸试验区相比发展更为成熟，创新性和自主创新积极性更高，因此在对我国自贸试验区现有关税政策进行分析时，可以上海自贸试验区为例。

目前上海自贸试验区主要沿用我国保税区进出口税收政策。区内生产企业的基础设施建设项目所需的机器、设备和其他基建物资，免除关税；区内企业自用的生产、管理设备和自用的合理数量的办公用品及其所需的维修零配件、生产用燃料，建设生产厂房、仓储设施所需的物资、设备免除关税；保税区行政管理机构自用的合理数量的管理设备和办公用品及其所需的维修零配件，免除关税。从境外进入保税区和从保税区运往境外的货物、在保税区生产加工产品、销往境地外和在保税区内销售货物，免征增值税和消费税。《保税区海关监管办法》制定了一系列进口环节税和进口关税的规定，其内容基本符合国际自贸试验区操作惯例。但因为自贸试验区具有“境内关外”的特质，因此国际自贸试验区操作惯例被视为我国自贸试验区返销国外的商品和国内企业、国外企业进入我国自贸试验区时的基本操作原则，而当前我国自贸试验区的进出口税收主要使用关税豁免政策。

由于上海自贸试验区以保税物流园区和保税区为基础，我国的保税区基本按照“境内关外”设立的方式与非保税区进行区分，其实施的税收优惠政策更优惠。其税收优惠政策与非保税区的区分如表 3-1 所示。

表 3-1　中国保税区与非保税区税收政策的区分

项目		保税区/非保税区
海关	生产企业进口自用机器设备	免征进口关税及进口环节税/征税
	企业进口自用办公用品、基建物资	免征进口关税及进口环节税/征税
	进口生产用原辅件、零部件	保税/征税或保证金台账制
	进口（进区）货物	保税/征税
	进出口商品许可证、进出口配额	免领/领取
	加工产品内销按成品所含进口零部件征税	允许/不允许
	保税货物仓储时间	无限制/有限制
税收优惠	出口产品生产环节增值税	免征/不免
	从非保税区购进货物出口或经加工后再出口可按规定办理出口退税	允许/不允许
	企业所得税	15%/25%
	其中：非生产性企业	免一减二/无减免
	生产性内资企业	免二减三/仅限外商投资企业

关税减免是对某些征税对象和纳税人给予照顾和鼓励，税率调节之外所使用的特殊的具体化的调节手段。其征收调节具有原则性、灵活性、特殊性、普遍性的特征。一般情况下，国际范畴所提到的关税减免范围是按照一定商品或货物的所属范围来确定的。在决定所属减免之前，需要预先判断商品或货物属于哪类方式并计征。按照不同标准所进行的关税分类，仅就计征方式本身而言，关税就包括五种形式，如表 3-2 所示。

表 3-2　关税分类情况

分类标准	具体分类
征收对象	进口税、出口税（过境税）
征收目的	财政关税、保护关税
计征方式	从量关税、从价关税、混合关税、选择关税、滑动关税
税率制定	自主关税、协定关税
差别待遇	进口附加税（包括反补贴、反倾销税）、差价税、特惠税、普惠制

按照《中华人民共和国进出口关税条例》和《中华人民共和国海关法》的规定，进出口有关货物可遵从货物关税减免政策。具体包括：①因故退还的中国出口货物及外径进口货物，在海关审查属实之后，可免征其进出口关税；②关税税额小于 50 元及以下的产品，或者并无任何商业价值的广告品，或者组织无偿赠送或外国政府无偿赠送的物资，可减免其进出口关税；③为境外厂商加工、装配成品和制造外销产品而进口的部件、零件、辅料、原材料和包装等，海关需要以实际加工出口成品的数量对其免征进口关税。

特定减免税也称作政策性减免税，属于国家按照本国实际情况和国际通行准则所制定和发布的进口货物减免关税等相关政策。按照《中华人民共和国海关法》的规定我国进出口货物可享有特定减免政策：①进料加工，海关按照实际加工付出数量来免征进口税；②加工过程中出现的资料和副产品，海关按照其使用价值来分析估价征税；③进口设备，符合《外商投资产业指导目录》的限制和鼓励乙类并转让技术的外商投资项目、投资总额内进口的自用设备和国际金融组织贷款项目、外国政府贷款进口的自用设备，可免除进口环节增值税和进口关税；④符合《当前国家重点鼓励发展的产业、产品和技术目录》的我国国内投资项目，在投资总额内进口的设备可免除进口环节增值税和进口关税；⑤符合《当前国家重点鼓励发展的产业、产品和技术目录》和《外商投资产业指导目录》鼓励类和限制乙类并转让技术的外商投资项目，随同设备进口的备件配套件技术免征进口环节增值税和进口关税；⑥进出口加工区货物，从境外进口到进出口加工区时，其需要的生产厂房、设备、机器、仓储设备等基建物资，自贸试验区内生产需要的维修用零配件、模具、设备、机器及行政部门需要的办公用品等，均免除进口环节税和关税的征收；⑦生产所需的元器件、零部件和原料等可予以保税等。

3. 中国自贸试验区关税制度的创新表现

财政部于 2015 年 6 月 8 日印发广东、天津、福建三地自贸试验区进口税收政策，明确选择性征收关税政策在自贸试验区内的海关特殊监管区域进行试点，即对设在自贸试验区海关特殊监管区域内的企业生产、加工并经“二线”销往内地的货物照章征收进口环节增值税、消费税，根据企业申请，试行对该内销货物按其对应进口料件或按实际报验状态征收关税的政策。在严格执行货物进出口税收政策前提下，允许在自贸试验区海关特殊监管区域内设立保税展示交易平台。

在上海自贸试验区的带动下，广东、天津、福建三地自贸试验区进口税收政策的创新表现如下。

（1）上海自贸试验区进口税收政策的创新表现

现阶段我国出口加工区、保税区、保税物流园区所享受的政策，是我国海关特殊监管区域的优惠政策。由于上海自贸试验区税收优惠政策的细则（新）尚未出台，因此现阶段上海自贸试验区税收问题的处理主要以国务院所印发的《中国（上海）自由贸易试验区总体方案》的通知为基础，在通知中表示，上海自贸试验区将探索和本区域相配套的关税政策。

现阶段广东、天津、福建三地自贸试验区积极复制和推广上海自贸试验区的创新举措。例如，深圳海关搭建高效陆海通道，深化通关模式改革，在厦门启动关检“监管互认”试点工作，缩短进出口企业的通关时间等。上海海关近年来累计出台的31项自贸试验区监管创新制度中近 20 项在各地得到成功复制推广，为当地经济发展注入了强劲动力。上海海关以企业需求为导向，通过监管模式创新和功能叠加，促进了区域生产加工、物流和服务业的深度融合。保税展示交易、保税交割制度发挥了平台经济的作用，有力推动了上海建设具有国际竞争力的全球要素市场，促成了一批先进制造业、金融、文化服务产品以及惠民消费品的进口。

（2）广东自贸试验区进口税收政策的创新表现

财政部、国家税务总局、海关总署于 2015 年 5 月 20 日向广东省财政厅、广州海关、海关总署广东分署、深圳海关、广东省国家税务局、拱北海关下达《关于中国（广东）自由贸易试验区有关进口税收政策的通知》（财关税〔2015〕19 号）文件。文件要求广东自贸试验区在挂牌成立之日开始，进行进口税收政策的调整。其内容如下。

其一，广东自贸试验区原则上可使用上海自贸试验区目前已经试点后的进口税收政策。

其二，在严格执行货物进出口税收政策的基础上，允许广东自贸试验区内海关特殊监管区域中设立保税展示交易平台。

其三，广东自贸试验区内，海关特殊监管区域的税收政策适用范围和实施范围保持不变。珠海横琴和深圳前海深港现代服务业合作区现有税收优惠政策不能应用于广东自贸试验区内的其他领域。

其四，在广东自贸试验区内海关特殊监管区域中，选择性征收关税政策并试点。即企业在广东自贸试验区的海关特殊监管区域的，其加工生产并经过“二线”内地销售时必须按照进口环节的章程征收增值税和消费税。企业可自行申请是否对内销货物按照实际报验状态和进口料件征收关税。

（3）天津自贸试验区进口税收政策的创新表现

2015 年 5 月 20 日，财政部、国家税务总局、海关总署向天津市财政厅、天津市国家税务局、天津海关下达《关于中国（天津）自由贸易试验区有关进口税收政策的通知》（财关税〔2015〕21 号）文件。文件要求天津自贸试验区在挂牌成立之日开始，进行进口税收政策的调整。其内容如下。

其一，天津自贸试验区原则上可使用上海自贸试验区目前已经试点后的进口税收政策。

其二，在严格执行货物进出口税收政策的基础上，允许天津自贸试验区内海关特殊监管区域中设立保税展示交易平台。

其三，天津自贸试验区内，海关特殊监管区域的税收政策适用范围和实施范围保持不变。

其四，在天津自贸试验区内海关特殊监管区域中，选择性征收关税政策并试点。即企业在天津自贸试验区的海关特殊监管区域的，其加工生产并经过“二线”内地销售时必须按照进口环节的章程征收增值税和消费税。企业可自行申请是否对内销货物按照实际报验状态和进口料件征收关税。

（4）福建自贸试验区进口税收政策的创新表现

财政部、国家税务总局、海关总署于 2015 年 5 月 20 日向福建省财政厅、福建省国家税务局、厦门海关、福州海关下达《关于中国（福建）自由贸易试验区有关进口税收政策的通知》（财关税〔2015〕2 号）文件。文件要求福建自贸试验区在挂牌成立之日开始，进行进口税收政策的调整。其内容如下。

其一，福建自贸试验区原则上可使用上海自贸试验区目前已经试点后的进口税收政策。

其二，在严格执行货物进出口税收政策的基础上，允许福建自贸试验区内海关特殊监管区域中设立保税展示交易平台。

其三，平潭综合试验区的税收优惠政策不能适用于福建自贸试验区的其他区域。福建自贸试验区内海关特殊监管区域的税收政策适用范围和实施范围保持不变。

其四，在福建自贸试验区内海关特殊监管区域中，选择性征收关税政策并试点。即企业在福建自贸试验区的海关特殊监管区域的，其加工生产并经过“二线”内地销售时必须按照进口环节的章程征收增值税和消费税。企业可自行申请是否对内销货物按照实际报验状态和进口料件征收关税。

其五，福建自贸试验区在确保有效监督的前提下，其海关特殊监管区域探索并建立货物实施状态分类监管模式。

4. 中国四大自贸试验区关税制度的创新趋势

（1）集中汇总纳税

1）政策出台背景。政府为解决自贸试验区内企业传统模式下所出现的逐票审核、缴税速度较慢、流程重复、效率偏低等问题而出台相关政策。

2）企业准入条件。在四大自贸试验区关税创新制度方面，目前的集中汇总纳税要求企业的准入条件为：首先，必须是进出口报关单上的经营单位及适用汇总征税作业模式的企业；其次，在我国四大自贸试验区内注册的一般信用以上的企业，在试验区外注册的则需要为一般认证以上的企业；再次，应为关税费电子支付系统用户；最后，企业申请使用汇总征税作业模式当天开始倒推三年内，其进出口没有任何侵犯知识产权货物的行为及走私记录，没有违反海关监管规定，没有欠缴海关税收记录。

3）监管模式。监管模式方面，在集中汇总纳税的要求下，企业要求使用汇总征税作业模式的需要提交试验区集中汇总征税企业综合评估表，并及时交纳包含非银行金融机构保函、银行保函、保证金在内的税款总担保；作业模式录入报关单填写时，必须选择“汇总征税”模式；按照税款原则，汇总征税未缴纳的税款不允许跨年缴纳。

4）关税制度创新成效。在改革前海关征税为传统的征税放行模式，在改革后将传统的海关主导型的税收征管模式转变为企业主动型的征管模式。企业在有效担保前提下，在规定的纳税周期内，对已放行货物向海关自主集中缴付税款，推进征缴电子化，海关由实时性审核转为集约化后续审核和税收稽核，从而实现货物的高效通关，缓解企业资金压力，降低企业纳税成本，有利于激发市场主体的活力。据测算，应税货物通关时间可节省 70%。

（2）内销选择性征收关税

1）政策出台背景。内销选择性征收关税是我国自贸试验区内企业加工和生产，并经过境内其他区域和试验区之间的“二线”转向内地销售货物，按照进口环节章程来征收消费税和增值税所得的税额。此种作业模式需要企业申请，相关部门按照企业内销货物的实际报验状态及对应进口料件征收关税。内销选择性征收关税的出台和应用，能够解决传统模式下企业只能按照实际状态征税为企业带来的巨大税负压力，以及针对特殊区域监管时监管优势并不明显的问题。

2）企业准入条件。试验区其他区域 H 账册管理、保税区使用 E 账册管理的企业；自贸试验区内符合计算机联网要求一般信用以上的企业。

3）监管模式。内销选择性征收关税当前只适用于报关单有纸申报以及税款柜台支付。在单报关模式下，申报企业的联系单中“收货单位”栏必须为空，征免性质选择“选择征税”（代码 899），申报监管方式为“保区来料成品”（代码 0445）或者选择“保区进料成品”（代码 0444），申报运输方式选择“其他”（代码 9）。在双报关模式下，联系单的“收货单位”栏需要与“经营单位”栏的填写内容一致，区外企业申报监管方式选择“一般贸易”（代码 0110），运输方式选择“保税港区”（代码 Y），征免性质选择“选择征税”（代码 899），区内企业申报监管方式选择“成品进出区”（代码 5100），申报运输方式选择“其他”（代码 9）。

4）关税制度创新成效。在改革之前，自贸试验区除外高桥保税区外，其他海关特殊监管区域的内销货物以实际状态为征税标准。在改革后，自贸试验区对我国自贸试验区内企业加工和生产，并经过境内其他区域和试验区之间的“二线”转向内地销售货物，按照企业内销货物的实际状态或者对应进口料件选择缴纳进口关税。在本次关税制度创新改革之后，部分特殊监管区域原有的只能吸收 IT 类企业税率倒挂的企业瓶颈被打破，自贸试验区所吸收的企业范围有所扩展。

（3）自主报税、自动审核、自助通关、重点稽核

1）政策出台背景。此种作业模式是指自贸试验区内企业在自主申报税额时，其审单环节少，强化对少部分报关单的审核和监管，大多数报关单则交由自行审核。审核完成之后按照海关风险研判结果实施重点稽查。

2）企业准入条件。符合海关计算机联网要求的、自贸试验区内的高级认证企业；税费电子支付用户；“三自一重”模式之日起倒推三年没有违反海关监管规定，没有走私

和进出口侵犯知识产权的记录，没有欠缴海关税收的记录的企业；具有自报税款能力和自测能力的、申报规范率较高的企业。

3）监管模式。此种作业模式在试点初期阶段只适用于自贸试验区的“分送集报”进口业务。其监管模式为企业自行提交评估表申请资质，自主填写预估税款总额，申请资质表提交之后，由海关自动审核企业所提交的信息，审核通过后，海关不定期会对企业的具体运作情况进行后续稽核。

4）关税制度创新成效。在此种作业模式下通关过程不需要打印和使用纸质税单。如果企业有打印纸质税单的需要，在货物放行后到相关海关业务的柜台指定窗口办理批量打印税单的手续。系统完善之后企业可自行打印和使用纸质税单。如此既节约了海关部门的成本如物资成本和人力成本，又节约了客户自身的时间和精力，对提升海关工作效率具有良好的推动作用。

第二节　国外自贸试验区关税政策创新制度研究

一、国外自贸试验区的税收模式和机理

1. 国外自贸试验区的税收模式

当前美洲、欧洲及其他大洲各个国家的自贸试验区的税制运行模式，基本以复合税制结构模式为主，所谓复合税制结构模式即国家征收多种税收的税制运作模式，具体表现为税收优惠模式。国外自贸试验区关税使用复合税制结构模式进行程序细化时可分为四类。一是自贸试验区关税程序简单化。自贸试验区关税的征收申报程序极为简单化，因此其关税也基本趋零。二是自贸试验区关税程序便利化。例如，意大利、丹麦、法国、英国等国家的自贸试验区内企业注册程序极为便利化，并可以给予折旧补贴和税率优惠。三是个人自行申报制度模式。个人所得税可使用综合所得税征收模式，此后附加个人自行申报制度模式并给予个人一定的激励。四是延期缴纳税款模式。延期缴纳税款模式在欧美国家自贸试验区内应用极为广泛，借助延期缴纳所得税，企业的资金链紧张状况可以得到有效缓解。延期缴纳所得税模式，同样也可以给予个人及企业一定的无息贷款。

2. 国外自贸试验区的税收机理

（1）纳税人市场经济下的自我调控选择

由于纳税人对自己所控的财产具有最后决策和判断的权利，因此税收调控从理论角度而言，将会引发纳税人的所得收入出现增减变化。在市场经济允许的前提下，纳税人以自身利益作为出发点，按照市场经济变化的整体趋势以及自身对财产投资的控制能力，合理调整和规划自己的最后投资决策时，如果政府实施了某种政策，如针对某领域或某产业给予适当的税率和税种上的优惠或者将税率调低，纳税人势必按照政府的政策要求增加或降低自己的财产投入，如劳动力、技术、资本等，以期获得超过资本及投入的收益，进而达到低税率等目的。此种状况对国民生产总值的提升以及经济的增速必然会产生影响。

如果政府对税率和税种并没有给予必要的优惠，纳税人有可能将自己的资本用于储

蓄或消费来代替投资，降低劳动力和技术的输出，进而影响国家经济增长速度，此种运作会导致国家市场经济发展出现失衡的趋向。事实上，在市场经济中，税收对市场经济规律的优化和调控具有显而易见性。税率和税种的优惠是整体税收优惠的核心，是政府借助税收手段进行调控的实践载体和政策工具，同样也是税收调控经济的一般性传导机理。在当前的税率和税种条件下，纳税人会面对政策实施优惠量度、幅度、课税对象、范围等不同的选择，纳税人再结合当前市场经济状况及自身的实际需要之后，按照自己的感知来对自己的经济活动调整进行判断，以达到自身利益最大化的要求。其运作原理如图 3-2 所示。

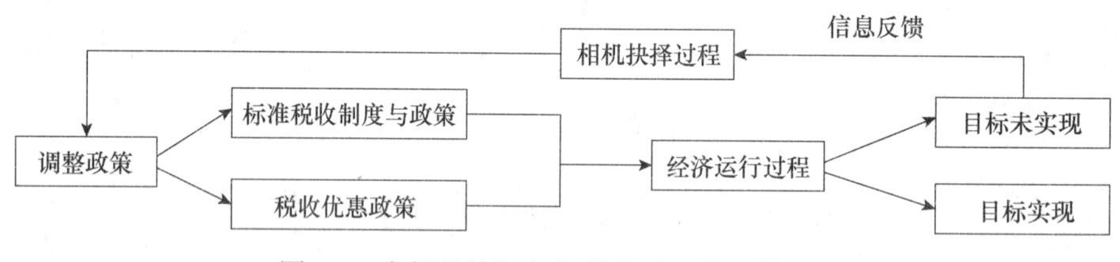

图 3-2　市场经济运行规律影响下的税收机理

（2）宏观税负降低对国家经济的正向影响

在既定税收政策下，政府对税率和税种实施优惠的目的，主要是在一定程度上借助税率和税种对经济进行定量和定性的分析，并形成最佳组合，降低纳税人实际微观税负，调控社会经济的运行等。在绝大多数情况下，纳税人微观税负的锐减会推动生产者投资，个人作为纳税人时进行的资本经营，则是按照自身可自由支配收入、实际总体收入、风险爱好程度、储蓄水平控制等实际情况来选择投资规模大小的。降低纳税人实际缴纳的税负可提升纳税人自由支配收入的总额，相当于变相提升纳税人私人投资能力。在既定税制下，政府对税率和税种的优惠属于国家降低实际纳税人税收征收，并放弃实际纳税人纳税所带来的税收收入的行为，此种优惠也是政府将优惠实质转给纳税人的基本表现，此种活动势必会降低政府宏观税负收入，其对经济运行的影响基本需要通过两项机制来完成。

其一，宏观税负的降低会提升要素的增长率，整体高要素收益率将促进纳税人加大对劳动、技术、资本的投入，从而提升收益率。而纳税人的此项行为又会扩大劳动、技术、资本等各个要素的总供给，变相提升生产水平及总产出。从实际应用和技术结合的角度来看，整体宏观税负的降低会导致纳税人具体税负的降低，即纳税人应纳所得税负水平被降低，如此势必会导致私人部门提升科技投入率和应用率，进而为经济的可持续发展提供智力和技术支持。从资本增长率角度来看，宏观税负的降低尤其在以制造业为主的国家或者发展中国家，会提升社会资本增长率和社会经济增长值，因此更需要增加资本要素，来辅助经济的快速发展。从劳动供给需求角度来看，宏观税负的降低会促使生产部门生产的扩大，从而进一步刺激劳动需求。劳动作为生产部门的主要生产要素之一，具有提高劳动供给增长率和整体经济增长率的基本职能，尤其是对劳动密集型发展中国家来说更是如此。

其二，按照整体宏观经济的发展来看，政府实施费率优惠，业主降低宏观税负，可优化不同生产率部门的资源配置，并刺激资源的流动，使资源出现动态变化。例如，将资源从生产率低的部门向生产率高的部门转移，资源的合理流动也提升了资源整体使用效率。世界银行经济学家凯思·马斯顿（Kase Marsden）在提取 20 多个国家相关参考数据，并对这些国家经济增长率与宏观税率高低的相关性进行分析后，提出企业投资增长率会受到宏观税负的刺激，进而提升技术进步率和劳动生产率，推动国家经济的增长。具体运作机制如图 3-3 所示。

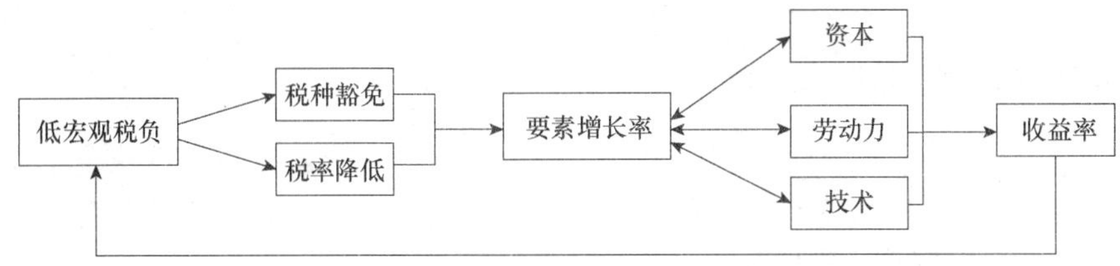

图 3-3　整体宏观经济影响下的税收机理

二、国外自贸试验区的税率和税种的设置原则

当前各个国家自贸试验区税率和税种设置所遵循的基本原则如下。

1. 税率税种最优化原则

企业和所有个人纳税人在国外自贸试验区内，对其征收的税率和税种可构成缴纳税额的因子。纳税人应缴纳税额在此类因子的共同作用下，为保障因子最优化组合，并达成国家调税、优惠目的，势必会产生一个可以将应缴税额纳入因子函数方程中的线性回归函数。

2. 税种最少化原则

在原有本国税制制度约束下，某些税种如关税、个人所得税等在国外自贸试验区内不征收的表现形式即税种最小化原则，其本质为降低税种征收，这是自贸试验区贸易自由化的真正体现。现阶段迪拜的杰贝阿里自贸试验区就不征收来料加工、进出口关税以及个人所得税等再出口关税，并规定对全资企业完全控股等 50 年不征收企业所得税。杰贝阿里自贸试验区的此项原则使得杰贝阿里自贸试验区中注册企业在 2006 年增加到 6000 多家，并拥有世界 500 强企业中的 147 家，虽然在一定程度上缩减了对多税种的征收比率，但是发展到目前为止杰贝阿里自贸试验区已经成为名至实归的货物畅通的自贸试验区。而大巴哈马自贸试验区也规定在本自贸试验区连续 100 年内，不征收任何税收。

3. 税率低零、税目简化原则

当前各国自贸试验区税收的征收子科目种类较多，由此会导致税收所适用的税率层次被迫繁复，如此则不利于自贸试验区进行税额及税率的计算和调整。近些年简化税目成为一种流行趋势，课税项目原有的繁多特性在简化税目的工作驱动下，被重新归类整合，以便辅助税率整改，在此项工作方面新加坡更具有代表性。其当前已经做到使用 2600 个税目替代 5000 多个税目的税目整改要求，在新加坡全球将近 90%以上的货物完全可以自由进出，并不需要缴纳任何关税。

三、国外自贸试验区的税收范围及税种

现阶段绝大多数国家在自贸试验区基本使用复合税制结构模式征税，在应用此税制时必须预先选择和确定主体税，即确定所征收税种中的主导税种，主导税种在税收收入比重中调控范围广、所占比值大。按照其税收架构的设置，当前自贸试验区税收结构可分为以下两种模式。

1. 以流转税为主的税收结构模式

流转税属于提供劳务流转额或销售商品时所征收的税收。其流转性决定了流通环节需要分类为流通商品和非商品流通两种。流通双方无论以何种方式存在，都会被归类为一般纳税人，而“流转”则需要在纳税人之间进行来回流通，其中包括纳税人所提供的劳务和产品销售行为。流转税因主体税种的属性而所占比例较大，其涉及范围相当广泛，并对经济的调节存在极为明显的促进作用。现阶段我国已经开征的流转税包含消费税、营业税、增值税、关税。流转税征收范围从总体而言，由于其税源极为充足，税基极为稳定，因此征收范围极为广泛。

主体税的征收对象包括第一产业、第二产业，包含消费税和增值税征收收入在内的产品销售收入，包含劳务等营业税收入供应在内的第三产业收入，包含关税在内的境外货币征收等。按照国外自贸试验区当前关税征收情况来看，国际上绝大多数自贸试验区实施免征关税和限额的制度，仅有少数自贸试验区规定征收关税。按照不同税目消费税和增值税设置的不同税率，进项税额在一定程度上可被转出，但是税负转嫁的程度较高，赋税转嫁程度较低的营业税需要将全部的营业收入做计税依据，但是其优惠的力度远高于消费税和增值税。

2. 以所得税为主的税收结构模式

所得税的征收对象是净收入，作为对所得税征收的一种税收形式，需要扣除一定经营期限内有经营收入的与经营和生产相关的成本后的净额。按照征收对象的差异进行区分时，所得税可分为混合所得税、综合所得税、分类所得税三种。

现阶段发达国家使用混合所得税的计算方式，在具体运作过程中需要将综合所得税和分类所得税组合使用。从整体来说，当前发达国家自贸试验区主要以所得税作为集中主体，其计征的对象按照具体情况进行分类时，可分为包含企业所得税在内的企业运营税收和包括个人所得税在内的针对个人行为征收两种。

综合所得税是指在一个经营期限内，纳税人的全部经营所得必须按照税率来对征收进行计算，如税负公平、竞争简化的企业所得税。其缺点在于扣除项目较为烦琐。

分类所得税是指按照属性将需要集中的对象进行分类后，对各种对象分别计征的所得税。分类后的集中对象表现为利润利息所得、劳务报酬所得、工薪所得等。分类所得税的优势在于可按照具体课税对象来制定税率和政策，但是其计算程序相对烦琐。

四、国外主要国家的自贸试验区关税模式

1. 美国自贸试验区关税模式

美国自贸试验区关税制度综合性强、十分灵活，但凡在美国自贸试验区内进行进出口的货物都不受美国海关约束，不需要缴纳关税、申报程序等，企业可结合自身具体状况来申请延缓缴纳。折旧方面，凡是进入美国自贸试验区的厂房、生产设备、试验设备，美国政府都会给予其最具有竞争力的优惠政策。具体表现在以下几个方面。

1）可延期缴纳进口关税。美国在国际退货服务方面规定，如果美国自贸试验区产品出口到海外被海外市场退货，产品输出方的企业不需要为海外市场所退回的货物支付进口关税。企业先免关税进入美国自贸试验区，在产品被自贸试验区检验之后支付进口税，然后通过海关输入美国市场。近年来，此种方式也成为其他国家向美国市场出口产品的首选，任何不合格的产品在美国自贸试验区均可以免税被销毁或退回，出口关税为零。

2）自贸试验区内仅征收 3%的企业所得税。美国 250 个自贸试验区对美国经济的快速发展具有极大的促进作用，尤其是在对外贸易方面。美国贸易试验区之间当前规定不征收库存，运输免征关税。美国自贸试验区此类政策的设置最大的收益便是扩大就业。由于自贸试验区内不允许存在常住居民，因此自贸试验区的日常运营必须雇佣美国当地工人。

3）简化进出口程序。在美国自贸试验区中不会出现进出口税务问题而导致的物品被查扣及海关延误问题。货物从自贸试验区出发，其送达更为快速便捷。

4）进出口货物的质控。在美国自贸试验区中企业可免关税进口商品，只要质检合格，就可以通过支付进口税经过海关将产品转入美国市场中。

随着美国自贸试验区的设置和规模的扩大，美国自贸试验区内关税税率呈现逐年下降的趋势，美国自贸试验区对进出口的贸易所给予的优惠对对外贸易的快速增长同样起到了极为显著的促进作用。

2. 新加坡自由港关税模式

新加坡作为一个高度开放的国家，其境内当前有八个自贸试验区，所有贸易试验区以低税负、高效、开放作为税制原则，基本没有设置关税。新加坡自由港当前已经成为世界贸易的重要通道，其自由贸易程度在全球首屈一指。根据世界银行 2012 年发布的《2012 年度经商环境报告》，新加坡自由港已经被誉为全球最宜开展进出口贸易的贸易自由港。

（1）新加坡自由港关税的设置原则

现阶段新加坡自由港关税的设置基本秉承以下原则。

其一，税目简化原则。《新加坡关税合作理事会关税税则》中规定，从 1983 年开始新加坡关税税目的 5700 项将被 2600 项代替，此种设计方式既减少了关税计算难度，又简化了关税税目数量，可便于进一步整合和降低关税。

从表 3-3 可见，中国关税税目远多于新加坡，虽然中国近些年的关税税目增长率略微减少，但是其整体发展仍为上升趋势。在近几年内新加坡的关税税目变动幅度有所波动，其税

目总量始终没超过 3000 个。正因为税目的繁多会影响关税管理和改革，相比较新加坡的税目改革，当前我国的税目过多问题自然成为影响我国自贸试验区快速发展的重要原因之一。

表 3-3　新加坡与中国关税税目的对比

项目		2012 年	2013 年	2014 年
关税税目/个	中国	8194	8238	8277
	新加坡	2766	2961	2793
	增加数（中国–新加坡）	5428	5277	5484
增长率/%		中国	0.54	0.47
		新加坡	7.05	−5.67
		增加数（中国-新加坡）	−2.78	3.92

其二，低税率、持续开放性原则。当前新加坡对关税税率的每一次调整，都始终坚持以持续开放作为调整的基本原则，以扩大出口为基本目标。新加坡作为商品贸易的重要中转国家，其设置自贸试验区是为给新加坡进行再出口的公司提供免税区服务，提升自身自贸试验区的竞争力，因此势必为到区内的再出口公司公告提供更为开放、成本更为低廉的优惠环境。

其三，民族重要性原则。在 1959 年新加坡正式实施工业化计划之后，新加坡的民族产业受到了极大的冲击。为保护和发展本民族企业，新加坡在发展进出口贸易的过程中将自身定位转为有限自由港，并根据国家运作现状规定关税政策必须以提升民族竞争力为基本原则。在新加坡商品项目的应征关税在可控范围之内后，经过厘清关税策略和税率后的新加坡自由港相比新加坡周边其他国家的自由港而言，更具有竞争实力，并可以帮助新加坡保护民族企业、保持海港的活力。

（2）新加坡自由港关税模式的特征

新加坡在 1959 年之后努力进行自由贸易港竞争实力的提升，其所设定的关税，在维护本国民族企业既得利益的大前提下，主要呈现出以下特征。

其一，税率趋于零化。《特惠贸易协议的基本决定》要求与新加坡贸易往来的同盟国，其关税税率可进一步降低，甚至可降为零。包含卷烟在内的烟草类、酒类、冰箱和糖制品类可专门实施特别关税税率政策，除汽车行业按照其特有的行业属性必须是 45%的税率外，其他各个行业的货物从价税关税税率降到 5%。

其二，税目分类相对明确。《新加坡关税合作理事会关税税则》中提出，新加坡关税税目自 1983 年之后必须进行简化。例如，运用简化贸易分类的方式将原有的 5700 项品目在分类整合之后，调整成 2600 项品目并预先裁决。

其三，无附加费用、无税金。现阶段新加坡自贸试验区的税费征收只按照纳税价值如运费、保险费、生产成本及关税之和来对服务和货物征收 3%的进口税，并无任何海关附加费用，而越南、蒙古国、老挝、阿尔巴尼亚等少数受许可证约束的国家，海关对其进出口货物到岸后所征收的税率仅为 0.5%。

3. 日本冲绳自贸试验区关税模式

作为日本贸易示范区的典范，日本冲绳自贸试验区主要按照自身独特的地理位置而建立。冲绳是日本加工制造、储备、中转和展示的中心，吸引了众多外国企业和日本本土企业入驻，日本冲绳自贸试验区在税率和税种的制定上体现了一定的优惠政策。

例如在关税方面，日本冲绳自贸试验区将外国货物中的原材料和零部件进行加工制造，在其产品出口国外时，直接免除消费税和关税。外国货物在不交纳消费税和关税的前提下，仍可以进行分类、改换包装、检查、保管等业务，并可以按照市场的需要来进行产品的内销和出口。在外国产品经由日本冲绳自贸试验区销往日本国内市场时，需要缴纳消费税和关税。外国货物和外国货物的原材料，在日本冲绳自贸试验区所缴纳的关税同样也具有选择性。例如，可以选择成品税或原料税中的任何一种来进行关税的缴纳。在报税期间，日本冲绳自贸试验区对外国货物原材料进行制造和加工，并将制造出的产品进行本国市场内销，进口原材料关税可以从成品税或原料税中选择外国企业认为比较合算的一种。

日本冲绳自贸试验区国税方面，按照本国政府的设定，主要为国外企业提供三种优惠制度，供其按照企业的实际情况自行选择。例如：①特别折旧制度，即在自贸试验区中注册的企业，其机械设备等固定资产的折旧率优惠最高可达到50%；②投资减税制度，即在自贸试验区内注册的企业按照日本本国的立法可从所得税中扣去机械装备税额（15%）和建筑税额（8%）；③所得税扣除制度，即在自贸试验区内注册的企业连续10年内可免交35%的企业所得税。

日本冲绳自贸试验区个人所得税方面，自贸试验区入驻的个人和企业可以获得日本政府的无息贷款，这也进一步降低了自贸试验区内个人所得税实际税率，对于吸纳人才具有激励作用。

五、国外税收征管便利化模式及经验

1. 国外自贸试验区税收征管便利化模式

（1）管理体制的科学合理性

管理体制作为职能配置的有机体、管理机构权力分配的架构、制度运行的机制，其管理体制的合理性和科学性，对于管理架构、管理目标的实现，更具有极为深远的意义和价值。由于国外自贸试验区发展相对较早，各项管理机制和制度相对成熟，因此其管理体制对于自贸试验区的发展以及自贸试验区税收征收便利化和税收征收成效的提升均具有重要的作用。

第一，以美国对外贸易区为例。美国对外贸易区管理体制以受让人、美国对外贸易区委员会、对外贸易区协会、美国海关总署为主体。其中，美国对外贸易区委员会作为对外贸易区最高行政管理机构，主要负责对外贸易区规则的制定，负责协调跨部门关系，审批设立、安全卫生和注销等。美国海关总署主要负责对外贸易区的监督和管理。受让人是美国对外贸易区的实际运营者和管理者，其主要负责对外贸易区日常运作。对外贸易区协会作为美国对外贸易区的行业非政府组织，主要负责对外贸易政府和企业、企业和企业之间信息共享和关系的协调，并指导企业、美国对外贸易区的经营和管理。

美国对外贸易区管理体制的特征如下：美国对外贸易区由政府主导其宏观层面的管理活动，市场负责美国对外贸易区运营微观层次经营活动的组织，在美国对外贸易区具体运行的过程中管理体制负责为其完善相应的法律制度，并充分发挥政府法治权威和市场力量。

第二，以科隆自贸试验区为例。科隆自贸试验区管理体制具有政企协同管理运作，借助市场机制来充分完成管理活动目标的特征。科隆自贸试验区的管理体制以经理、董事会执行委员会、董事会为主体。其董事会成员由董事会执行委员会委员和国家有关部门部长共同构成，董事会成员负责审批科隆自贸试验区运营规则和相关政策。执行委员会由五名被委任人员和自贸试验区负责人共同构成。其主要任务和责任集中在科隆自贸试验区管理人员的选聘方面。自贸试验区经理主要负责科隆自贸试验区运营活动。

第三，以新加坡自贸试验区为例。新加坡自贸试验区管理体制以受让人、管理人员和交通部作为主体，具有肩负政府责任和市场化运营自贸试验区的特征。其管理体制构成的受让人可由公司、机构、政府部门作为基本形式，具体由交通部决定。新加坡自贸试验区的受让人与其他国家自贸试验区受让人的区别在于，新加坡自贸试验区既能进行市场化运作，又能掌控政府职能，如成立的裕廊管理公司、新加坡民航局、新加坡国际港务集团等都能起到这些作用。

（2）征税程序简化分类监管

自贸试验区的分类监管是按照企业的不同需要，分类别监管入区货物，以达到精细化管理成效的一种监管模式。以美国为例，美国对外贸易区按照自身实际需要，进行分类监管时，可自愿申请分类监管，一旦申请成功，货物会被锁定成某一类的“区域货物状态”，继而在出区时其征税就按照“锁定状态”来计算，如此使得其征收程序更为简单化。

美国现阶段对货物分类监管的状态表现为：

第一，优惠的国外状态方面——一旦境外货物进入美国对外贸易区，企业可向美国海关申请“优惠的国外状态”。如果申请成功，境外货物可按照此状态锁定，那么该批货物关税进口税税率和税则号就按照申请日状态来锁定。企业货物入区之后，产品经过加工内销时承担的关税如果高于入区货物承担的关税额度，与选择性征税相结合，企业就可在入区时立即选择该状态进行锁定。

一旦境外货物进入美国对外贸易区后，如果企业没有向美国海关申请“优惠的国外状态”，那么该批货物在加工生产后内销时，货物按照进口时税率和税则号向海关报税。

第二，对外贸易区受制状态方面——除发酵麦芽酒、葡萄酒、蒸馏酒以外的其他货物由国内进入美国对外贸易区时，如果其目的是存储、销毁或进口，那么就可以申请“对外贸易区受制状态”，以保障企业可以以此种状态来锁定该批货物。货物一旦被锁定则在区域内不可以装配、加工、制造，非经特殊审批程序，企业货物不能再次返回内销。因此“对外贸易区受制状态”一旦申请下来并按照此状态锁定，企业的货物就属于被限制监管状态。

第三，国内状态方面——凡是已缴纳全部应缴税款的货物，无论是国外进口还是本国生产制造，在进入对外贸易区时，都可以自行选择是否需要申请为“国内状态”。此状态下的货物包含包装材料和用于维修的材料，不需要任何批准和申请就可以在对外贸易区内自由出入。

以上货物分类监管状态仅仅是美国对外贸易区货物的基本形态，由于对外贸易区货物形态和种类多样，因此并非仅存在上述四类货物状态，其他货物状态同样以简化对应征收程序为基本目标，而符合上述管理方式的货物自然可以通过申请对应状态来达到简化管理的目标。从上述监管模式可得，对外贸易区内，企业在货物进入对外贸易区时，如果企业能预先明确货物的用途，那么企业可及时向海关申请其所需要的特定监管状态，并按照未来纳税缴纳状态的预定需要，进行缴纳状态的预先确定。然而由于税款是货物出去时才能缴纳的款项，在此种分类监管模式下，并不能节约税款，而仅仅是节约出区环节缴纳税款所耗费的时间。例如，将出区缓解部分手续提前转移到入区环节，企业就可以在货物出区时赢得更多的时间，以达成提升工作成效的要求。

（3）重视信息共享和信息化建设

一般情况下，政府类监管企业的日常经营活动及经营过程，往往要求企业向政府相关部门提交或报送其经营活动相关信息。但是由于政府各个部门所在场地相对分散，在企业分别向不同部门报送信息的过程中，有可能出现信息报送不够完整，信息无法及时存储导致信息丢失等情况。税务机关和海关的办税大厅及报关大厅的相继成立，为企业节约了向多个部门报送有效信息时所耗费的时间，提升了税务机关和海关机关等的工作效率。近些年随着互联网技术的不断发展和普及，各国政府部门按照自身实际需求，推出了符合自身部门特征的网络系统，企业借助信息系统向政府相关部门提报信息时，却因各部门信息网络不畅通以及信息的无法共享而导致企业不得不多次上传。

现阶段部分国家逐步实施多个部门联合组建信息网络的项目，如此企业可借助统一的信息系统来一次性向多个部门提报信息，多个政府监管部门具有此项信息的查看权限，这样可以有效避免信息丢失，但信息安全却无法得到保障，多次上传所导致的信息冗杂等问题也会出现。现阶段为提升本国竞争实力，世界上已经有部分国家完成了此类信息系统的构建。在具体应用过程中比较具有典型性的有美国模式、瑞典模式、新加坡模式。

第一，美国模式。此模式于1995年建立，主要依靠美国所实施的单一入口的国际贸易数据系统。美国企业按照美国国际贸易数据系统操作的要求，按规定使用统一的格式上传数据到国际贸易数据系统中，边境保护局和美国海关等相关部门，通过评估企业所提交的数据，可及时确定有关企业需要保持或锁定何种状态。评估结束后，提交申请的企业只要登录该系统就可以随时查看评估结果。国际贸易数据系统的建立不仅可以辅助企业与企业之间，对于政府之间、企业和第三方机构之间也进行信息共享和互换，还可以辅助企业改善经营活动环境，减少贸易成本，辅助美国构建多个公共部门、多个企业或行业的连接网络。

第二，瑞典模式。此模式在单一窗口模式启动之后，于1989年正式实施。入区后的企业需要向海关一次性申报，如果相关部门方面有许可证件管理的要求，申报信息可由海关发送到相关部门，在海关业务完成之后，系统会自动向相关部门发送增值税信息和进出口贸易信息等。相比较美国模式的国际贸易数据系统，瑞典模式的自动化运用更为完善。

第三，新加坡模式。1986年新加坡政府为降低贸易流程难度，将参与的部门需求归纳成表格，成立了跨部门的文件与流程整合委员会，1989 年借助网络系统开发了贸易网（Trade Net）。此系统一次性全部上传进出口数据，监管部门借助网络来获取其所需要的信息。

管理活动中信息技术的广泛应用，极大地降低了管理所需要耗费的经济成本和时间成本，使管理活动更为简化，管理过程和管理人操作更具有便利性。

（4）重视信息共享和信息化建设

税收征管作为税收监管的主要环节，需要在通关环节为保障税款的应征而尽可能严格执行相关制度及要求。此种理念的影响下，以我国所使用的重通关轻后续监管海关监管模式为例，就很容易导致通关环节中的货物流通需要耗费大量时间，却无法保证征税的高效性。

以美国对外贸易区的审计审查工作为例，美国对外贸易区在运营上主要负责其区域基础信息管理的相关工作，以及区域内货物样本，票据的保存、储存，票据、造册、样本、生产、安全等的记录工作。海关部门并不在区域内设置常驻人员，对区域的管理主要借助核查和审计两种模式，并不需要定期检查仓库和进行相关记录等。

按照海关需要，运营商将其在区域内交易的记录及相关基础数据提交给海关审计师审查。审计时间由工作量所决定，一般需要一周以上。海关也可以直接进入对外贸易区现场核查，进而检验库存货物分类、交易状况、交接手续、区内安全状况、登记等多个方面。一旦发现异常的问题，如库存清单与实际点样的清单不符，海关检验人员需要及时责令运营商及时改正，并以事后回访的方式来保障所发现的问题可以及时纠正。

无论是使用录取后审计检查模式，还是使用通关环节现场检验模式，作为相互支持又独立的海关监管方式，此两种监管模式均可以降低海关日常监管工作量，减少通关环节的现场检验工作量，进一步节约海关人力。使用比例抽查的方式，又可以保障海关工作人员随时都能保持积极努力工作的状态，进而辅助提升海关监管效率。

2. 国外自贸试验区税收征管便利化革新的经验

国外自贸试验区在历经多年的发展后，目前已经发展得十分成熟，经验更为丰富，税收征收策略和制度更为完善。就国外自贸试验区海关税收征管的便利化改革而言，国外管理体制的科学合理化，可作为我国自贸试验区学习的依据。

第一，确保管理体制的合理科学化，重视微观和宏观相结合的管理要求。在自贸试验区海关税收管理体制革新的过程中，需要重视宏观和微观相结合的管理要求。其中宏观层面需要重视相关政策的制定，细分和简化组成人员，如可由企业实际经营者和政府公务员共同组成小组，由政府工作人员构成小组等。微观层面只需要保证管理结构的扁平化，保障微观层面可以负责其具体操作需要，可以充分利用市场进行管理。

第二，重视精细化管理要求，并保障管理方式的多样化。这也是现阶段管理需要具有针对性，对外贸易区货物需要分类监管的主要原因所在。

第三，实施企业和政府相结合的运营管理模式。此种模式既可以充分发挥政府的宏观统筹作用，使政府主导并肩负起管理所需要的组织运营权责，又能充分发挥市场竞争机制优势，达成高效管理的目标。

第四，重视信息化建设，关注纳税人纳税服务需求的动态变化。信息化建设是联合各部门的“法宝”。在贸易试验区内外进行贸易及与贸易活动相关的各类活动时，信息技术可辅助企业一次性向各个政府部门提供申请所需的各方面信息，不仅可以加快信息传播速度，同样可以减少跨部门工作的交叉障碍，简化部分业务流程，达到提升经济效益和节约管理成本的目的。在为纳税人提供各方面便利服务时，以纳税人需求为基础构建服务纳税人的各类征收制度，同样也是为纳税人提供便利纳税环境和优质纳税服务的重要切入点之一。

六、国外自贸试验区进出口关税政策

现阶段全球不同类型的自贸试验区近千个，为促进贸易区发展，吸引更多投资，触动本国经济增长，提升国际经济活动中的本国地位，各国以税收政策为基础使用不同方式为投资者提供各类优惠。按照国际海关对自贸试验区的界定，自贸试验区设置国在国际上一般使用境内关外国际惯例，即在自贸试验区内外国货物可以自由进出。因此在各国进出口税收优惠政策中，自贸试验区内普遍具有国际性质的优惠方式和政策。

1. 美国自贸试验区进出口关税政策

美国自贸试验区主要使用关税排除、关税延迟、逆关税的减让来提供关税优惠。

关税排除是指北美自由贸易区（North American Free Trade Area，NAFTA）国家除外的进口后再出口货物的国家的企业，美国自贸试验区对其不征收包含消费税在内的关税。自贸试验区内进口后所销毁的货物，同样不征收消费税和关税。

关税延迟是指企业只有在货物自对外贸易区运入 NAFTA 国家或美国关税领土时，才需要缴纳包含联邦消费税在内的关税。

逆关税的减让是指只有成品关税远低于生产进口关税、进口原材料关税时，企业才可以按照关税税率低的产品或原材料课税。此阶段所产生的关税减让即逆关税的减让。

2. 国外其他自贸试验区税收优惠政策

（1）关税税收优惠政策

1）埃及塞得港自由工业区内，因生产需要而进口的机器设备、工具、原材料免征关税。

2）智利伊基克自贸试验区内和阿联酋自贸试验区内，投资者关税完全豁免。

3）中国香港自贸试验区内，烟草、石油、药品、化妆品、烟草制品、酒类饮料六大外国商品以外的生活资料和生产资料入境免征关税。

4）意大利自贸试验区内，销毁、损坏、仓储、再出口商品均免征关税。但是在意大利自贸试验区内消费和使用包含家具、办公用品、建筑材料、机械设备等在内的外国产品要缴纳关税。

5）约旦自贸试验区内，进入自贸试验区的商品按照相关法律法规的要求，免征消费税、进口费用、关税。

6）捷克自贸试验区内，投资者进入自贸试验区之后按照相关法律法规，其进口制造设备、区域内加工再出口的部件和进口原材料，可免增值税和关税。

7）印度自贸试验区内，按照相关法律法规的要求，凡是为自贸试验区企业输入自用消费品、未加工原料、资金及印度国内频发的办公用品、原料的企业和投资者免征进口关税。

8）巴拿马科隆自贸试验区内，从区内出境及进入贸易区的境外货物免进口税。货物销售对象为过境船只或者巴拿马运河区内的货物。

（2）自贸试验区的税收减免政策

欧洲部分国家、美洲部分国家、亚洲部分国家、非洲部分国家的自贸试验区内已经实施了税收减免政策。

其一，欧洲部分国家如土耳其，其自贸试验区按照《土耳其自由贸易区法》的要求，在土耳其自贸试验区从事经营活动的自然人或法人，如果其营业收入和费用支出符合《外汇管理条例》规定，有限责任纳税义务人和无限责任纳税义务人均可免除收入的所得税；智利伊基克自贸试验区内，经营期间内区内公司可享受经营期间内公司所得税、增值税、关税一律豁免的优惠政策。进口货物的货物税仅为货物价值的3%；包含生活资料在内的货物，在流通过程中可免除一切地方税；摩尔多瓦自由经济区按照其法律法规的要求，自由区内所提供的服务和生产的产品境内增值税为20%，免除增值税。自由区内如果经营者投资额度达到25万美元以上，可直接享受5年的所得税豁免政策。自由区内所提供的服务和生产的产品向境外其他地区出口时，所得税减免50%。自贸试验区内其他经营活动所得税则减免25%。

其二，美洲部分国家如巴西，其自贸试验区私人企业在免征区内投资办厂的可降低金融营业税，免征商品流通税、工业产品税、所得税；多米尼加共和国海地边界附近和多米尼加共和国的自贸试验区内所有出口活动税费、影响生产的税费可享受25年免除权限，国内其他区域的自贸试验区可享受15年免除权限，全国自贸试验区委员会享有延长优惠期限的权利；巴拿马科隆自贸试验区内税率采用累进制，即两年内免征利润所得税，两年后税率为 2.5%～8%，如果雇佣籍贯为巴西的员工，区内公司可享受所得税减免 0.5%～1.5%的优惠。

其三，亚洲部分国家如菲律宾，其自贸试验区企业，政府免征其他税收，只征收5%的营业税；韩国自由经济区企业，前3年的公司税和所得税免除，第4、第5年减半征收，前7年投资高于5000万美元的企业可免公司税和所得税，第9～11年减半征收；印度自由贸易区设立时即设定5年内所得税完全免除，第6、第7年减半征收的政策，而且企业国内消费税免纳，国内销售商品的特区企业特殊消费税、服务税、中心销售税免交；约旦自由区按照法规，社会服务税、所得税在12年内完全减免，牌照费和房地产税免征，进口费用、进口商品免征关税、销售税，出口商品免征所有税费；蒙古国扎门乌德自由区内，电力、环卫、供水的投资建设，公路、电信、铁路企业经营投入资金的所得税免征；也门自由区内，按照投资贸易法亚丁自由区内外资项目如果占比 100%，免除15年的工业、贸易税收，超过期限可在10年内延长；先锋自贸试验区和朝鲜罗津自贸试验区内，按照其税收优惠政策规定，包含铁路、道路、电信等，属于基础设施行业的新办工业企业，从获利年度起4年免征，第5～7年减半征收，其他新办工业企业则3年免征，第4～6年减半征收；阿联酋自由区贸易内，境外企业所得税免除15年，期满后可延长到第30年。

其四，非洲部分国家如加纳，其自由区按照其法律和法规的限定，企业所得税税率必须低于 8%，企业开业的 1～10 年内企业所得税免征，自由区内企业股东投资所得的红利、股息所得税免征；埃及塞得港自由工业区企业投入生产后的流动资金税、所得税、利润税及印花税 5～8 年内免征，外籍雇员的工资所得税免征，自由区投资、产品外销享受终身免税，产品内销只征收原材料关税。

（3）折旧政策优惠

按照韩国税收政策的要求，在韩国投资高科技项目、在经济区内设厂的企业的固定资产可提取额外折旧。符合以上要求的企业，所购置的用于高新技术研发实验的设备，可享受国产设备 10%或者投资额的 5%的税金直接扣除政策优惠，或者可按照国产设备 70%或者购置价款的 50%实施加速折旧。为保障高新技术研发的产业化运作，用于本土新技术产业化的设备，可享受国产设备 10%或者投资额的 3%的税金直接扣除政策优惠，或者按照国产设备 50%或者购置价款的 30%实施加速折旧。

新加坡在企业设备折旧方面，对折旧年限要求极高，一般设定为三年，新型工业设备和高新技术产业设备的折旧年限设定更短。用于研发的固定资产投入折旧初次仅允许提取 50%。相比较新加坡，印度在研发性费用的支出方面给予更多优惠政策。例如，印度企业科研机构研发支出、科研机构与企业发生的科研项目支出均可享受全额税前扣除的优惠政策，使用印度本国设备和技术来构建的企业，其本国设备方面也可以按照 40%的比率进行折旧加速。

（4）抵免投资税收

设立技术开发基金的企业，在韩国被允许直接抵免在税额中技术开发支出额的 5%，其中中小企业技术开发支出额直接抵免比值为 15%。使用高新技术获取利润的新型风险投资公司则可按投资额的 3%进行应缴纳税额的抵免。例如，使用国产设备投资的可抵免其投资额的 10%。

新加坡则允许企业以设备、厂房、机器作为固定资产投资，所得税抵免率为 50%，允许无限后转限期。科技开发企业在新加坡固定资产投资额的 50%可从应纳税所得额中扣除，允许无限后转限期。马来西亚企业当年应缴纳的所得税税额，可按 25%的固定资产投资额冲减。

（5）扣除研发费用

按照新加坡税收政策的要求，企业研发支出可 100%扣除，满足相关法规和要求的公司在新加坡相关政府部门批准之后，科研开发准备金可按照应税所得额税前的 20%提取，但是必须在 3 年内用完。泰国在税收政策制定时，要求第二区域投资的企业在第一个经营日起的连续 10 年内，可加倍扣除应税中的运输费和水电费，为建设和安装便利设施，允许减去 25%的利润作为此项工作的资金投入。韩国重视企业研发费、教育培训支出、研究人员经费等，以上几类费用可在所得税税前扣除，允许在五年内逐年结转，七年之后，由资本密集型企业的逐年结转设定。在高新技术研发方面，韩国技术开发准备金制度优惠力度较大，如企业销售总收入额度的 3%，生产型企业为 5%，技术密集型企业为 4%，可用作高新技术研发费用，允许在税前提取出来作为技术研发准备金。

印度高新企业科研投资可以当年科研投资金的总余额度的 25%为标准进行扣除，企业注册地点为软件孵化园区的可享受连续 10 年内的免征所得税。出口导向型高新技术企业在自贸试验区内，注册时可享受连续五年内的免征所得税。股息红利所得和股权投资者资本转让免征所得税。高新技术产业园区内的外国投资者，在经营之日起连续八年内可选择五年免征收所得税。

日本为提升本国高新技术产业的发展速度使用了税收优惠策略，具体如设立科研经费加计扣除的制度。按照其规定，日本计算机企业可提取10%的营业额来作为风险准备金，以应对其随时可能出现的风险隐患和损失。计算机企业在新建厂房和购置新固定资产时，其投资额同样可以免征购置税。

高新技术企业在瑞典可保留当年税前利润的25%，已用于第二年纳税基数中扣除流动资金，之后的五年内这部分资金所得税款，按照瑞典相拥政策和法规来逐步补缴。

（6）利率汇出税收优惠政策

阿联酋贸易自由区要求区内投资者可以自由地向境外汇出利润和资本；巴拿马科隆自贸试验区内企业向外国公司缴纳的预提税款可以直接免除；印度自贸试验区内企业向国外转移企业利润时，可享受“三免两减”的税收策略，即在三年内税费全免，第四年和第五年税减半缴纳；也门亚丁自由区要求外资项目在全额出资时，其组建的外资企业利润和资金可自由向境外汇入；埃及自由区同样确定外资企业向境外汇出利润时可不受任何限制；韩国马山出口加工区本国自由汇出利润，在经营三年后，企业每年按照低于投资额度的15%的金额向本国汇出投资资本。

（7）投资优惠制度

摩尔多瓦自由经济区的企业投资自由区基础设施建设、固定资产投资高于100万美元的，可享受投资之日起连续三年内的区内生产物品出口所得税减免政策，如果投资高于500万美元，享受免除年限延展到五年。韩国济州岛自贸试验区，在自贸试验区新建制造业与商业企业投资额超过1000万美元的个人或单位，即可享受前三年个人所得税与公司所得税免征，后两年减半征收。高新技术企业按50%征收财产税，资本货物和研究器材进口时免缴关税。朝鲜罗津和先锋自贸试验区内企业将利润用于再投资年限超过五年的，对其利润减半征税；对基础设施建设项目投资的直接免税。蒙古国扎门乌德自贸试验区对区内经营10年或超过10年的企业，企业所得税实行“一免三减半”的政策，即开始经营的第一年免征所得税，后三年减半征收。

3. 国外自贸试验区税收优惠政策的特征及启示

（1）国外自贸试验区税收优惠政策的特征

就国外自贸试验区的各类税收优惠政策设立情况来看，国家基本会针对本国国情来进行自贸试验区税收政策的设定，虽然在税收政策细则上存在差异，但是在自贸试验区进出口税收征管方面存在一致性。例如，为保障为自贸试验区内企业提供更多便利，绝大部分国家使用保税优惠方式，即便是在自贸试验区内货物内销，各国也对其提供免税政策，以吸引外资投资和辅助区内企业的灵活经营。部分国家尽管使用管制的方式，但是其管制内容和涉及的范围相对较小，部分国家甚至完全允许自由汇出。此外，少数发达国家对外资依赖小，本国经济较为发达，因此其对所得税优惠重视程度较低，相应的关税等优惠范围和力度较小。绝大多数的发展中国家为提升本国经济和吸引外资，在包含关税在内的各类所得税方面提供了形式各样的优惠政策，其覆盖范围极广。就发达国家和发展中国家在自贸试验区内现有税收优惠政策的统一性来看，主要体现为：

其一，加速折旧比例较高。韩国企业在购买研发设备时，扣除投资额 5%的同时设备价格的50%可设定为同步享受的加速折旧费。新加坡固定资产设备的折旧期限为三年，设备当年折旧费一次性提取 50%，高科技企业固定资产设备的折旧年限更短。

其二，税收减免年限较长。巴西马瑙斯自贸试验区内民营企业免税期为 30 年，免税期限内所得税、产品税免征。阿联酋贸易自由区外资企业免税期为 15 年，期满后可延续到第 30 年。

其三，税率较低。例如，新加坡自贸试验区在其税法规定的限制下，其区域内进行高新项目投资并进行生产改良的企业，在连续 10 年内所获得的税率最低可为 10%。摩尔多瓦自贸试验区内外国投资企业的所得税税率为 11%。朝鲜自贸试验区内企业所得税税率被限定在 14%，国家重点扶持的资源采集类企业、基建类企业、科研开发类企业，其税率设定为 10%。

其四，投资抵免幅度较大。韩国投资高科技项目、在经济区内设厂的企业的固定资产可提取额外折旧。符合以上要求的企业，所购置的用于高新技术研发实验的设备，可享受国产设备 10%或者投资额的 5%的税金直接扣除政策优惠，或者可按照国产设备 70%或者购置价款的 50%实施加速折旧。为保障高新技术研发的产业化运作，用于本土新技术产业化的设备，可享受国产设备 10%或者投资额的 3%的税金直接扣除政策优惠，或者按照国产设备 50%或者购置价款的 30%实施加速折旧。在新加坡企业固定资产投资的税收抵免可按固定资产投资金额的 50%进行，不受期限限制的后转。

其五，研发费用的加计扣除比例较大。按照新加坡税法的规定，新加坡自贸试验区内企业的研发支出可 100%加计扣除。韩国企业的销售额在税前可提取 3%作为研发准备金。

（2）国外自贸试验区税收优惠政策的启示

由国外自贸试验区税收优惠政策及其特征可见，阶段税收优惠政策仍然是各个国家提升本国经济发展和吸引外资的重要激励措施。近年来，我国周边地区和国家纷纷强化引资力度，其关税政策及内容也随之更为细化。现阶段各个国家为资本竞争制定了具有吸纳性的税收优惠政策，运用效果极为显著。但是外部竞争的存在也应该作为各个国家认清自身在国际经济环境中的地位、找准自身发展方向的依据。国外自贸试验区税收优惠政策对于中国目前的自贸试验区的参考价值和启示为：

第一，经济发展背景应该与税收优惠政策同步进行。纵观国外自贸试验区的税收优惠政策设置，现阶段发展中国家的税收优惠力度和国家的关注度普遍高于发达国家，这也说明本国资本因与发达国家之间存在巨大差距，对外资依赖度高且需求量大。

第二，税收优惠政策，尤其是关税优惠政策的制定必须结合本国国情。以我国为例，我国自改革开放以来，经济和文化等各个方面均取得了长足的发展。尽管我国综合国力在不断提升中，但是从总体而言我国与发达国家如美国之间仍存在极大的差距。如此一方面，我国需要借助税收优惠政策来吸引外资并带动本国经济的发展，另一方面则需要面对财政压力的困扰，借助关税等在内的各类税收工具来保障本国财政收入的稳定性。因此，在进行税收优惠政策的设计和制定时必须从现实情况出发，考虑税收优惠政策的与时俱进性、现实可行性以及是否满足国际惯例的要求等。

第三，当前各个国家在本国经济建设方面重视吸引外资和激励本国企业的发展，并以此来弥补本国经济建设的短板。例如，各国重视基础设施的完善，并重视为此方面制定大量的优惠政策。

第四，高新科技产业和高科技行业是各国在税收政策制定时关注的焦点，各国在此方面所提供的优惠政策更为繁杂。目前科技水平已经影响各个国家的经济发展层次，在自贸试验区内无论是企业的内销还是外销，只有保障其产品具有高科技含量，才能给产品所在市场以及产品外销市场、企业本身带来更多经济效益。

参考文献

毕玉江，朱钟棣，2006．人民币汇率变动的价格传递效应：基于协整与误差修正模型的实证研究 [J]．财经研究，32（7）：53-62．

陈爱贞，刘志彪，2014．自贸区：中国开放型经济“第二季”[J]．学术月刊，（1）：54-57．

陈建宝，戴平生，2008．我国财政支出对经济增长的乘数效应分析 [J]．厦门大学学报，（5）：27-33．

陈金池，2005．论 WTO 诸边协定中之政府采购协定 [D]．北京：中国政法大学．

陈丽芬，2014．中国（上海）自贸区运行分析及复制推广路径 [J]．商业时代，（30）：25-27．

陈一鼎，张怀洋，乔桂明，2015．上海自贸区内金融机构发展态势剖析与问题透视 [J]．上海经济研究，（9）：95-102．

程实，2007．基于均衡视角的财政货币政策搭配研究 [M]．上海：复旦大学出版社．

程宇楠，2008．由汇率出发对我国内外均衡状况的分析 [J]．商场现代化，（5）：375-375．

董晓林，2009．荷兰海关监管新理念 [J]．中国海关，（12）：42-43．

樊慧霞，2015．TPP 对中国关税政策的影响及战略决策 [J]．财经理论研究，（2）：46-51．

樊一帆，2014．新加坡自由港模式对中国（上海）自由贸易试验区的启示 [D]．天津：天津师范大学．

方红生，2008．一个解释中国通货膨胀的可行框架：1981～2006 [J]．财贸研究，19（6）：8-13．

方先明，等，2005．中国货币政策利率传导机制有效性的实证研究 [J]．当代经济科学，（4）：35-43．

封媛媛，2011．汇率变动对中国出口商品价格的影响研究 [D]．上海：东华大学．

冯彩，刘玄，2008．内外均衡冲突下的人民币汇率政策选择：基于斯旺模型的研究 [J]．上海金融，（2）：73-77．

冯华，2010．如何利用自贸区关税优惠政策应对金融危机 [J]．中国检验检疫，（1）：12-18，24-26．

福建师范大学福建自贸区综合研究院，2015．自贸区大时代：从福建自贸试验区到21世纪海上丝绸之路核心区 [M]．北京：北京大学出版社．

付甜甜，2013．中国存托凭证法制保障研究[D]．上海：华东政法大学．

甘国强，2015．人民币汇率变动对陕西省对外贸易影响的实证研究[D]．杨凌：西北农林科技大学．

高瑞，2015．哈牡绥东对俄贸易加工区木材贸易发展模式研究[D]．哈尔滨：东北林业大学．

葛丽元，2003．流程再造理论在税收管理领域的应用[J]．税务研究，（2）：61-69．

公丕萍，宋周莺，刘卫东，2015．中国与“一带一路”沿线国家贸易的商品格局 [J]．地理科学进展，34（5）：571-580．

谷亚光，谷牧青，2016．论“五大发展理念”的思想创新、理论内涵与贯彻重点 [J]．经济问题，（3）：1-6．

顾钮民，史建三，周亚芬，1994．中国保税区 [M]．北京：中国经济出版社．

郭海玲，2015．单边自由贸易区若干法律问题研究 [D]．上海：上海社会科学院．

郭红书，2014．上海自贸区税种与税率研究 [D]．大连：大连海事大学．

郭明星，刘金全，刘志刚，2005．我国货币供给增长率与同内产出增长率之间的影响关系检验：来自 MS-VECM 模型的新证据 [J]．数量经济技术经济研究，（5）：11-16．

郭琪，2011．财政扩张与通货膨胀：基于中国数据的经验解释 [J]．山东社会科学，（5）：129-134．

郭卫东，2005．逃避海关监管之检讨 [J]．海关与经贸研究，（4）：7-10．

国胜铁，2015．中国技术引进的产业结构优化效应研究 [D]．长春：东北师范大学．

海关总署关税征管司，2011．中华人民共和国进出口税则（2011）[M]．北京：中国海关出版社．

何力，2014．多哈回合早期收获与《贸易便利化协定》[J]．上海对外经贸大学学报，（2）：24-32．

侯坤，2014．美国对华贸易政策的政治经济学研究 [D]．沈阳：辽宁大学．

胡华，2008．推行“精细化管理”，提高海关监管整体效能 [J]．海关与经贸研究，（3）：10-16．

胡华，2012．改进海关监管与服务质量问题研究 [J]．海关与经贸研究，33（5）：51-57．

胡华，2012．优化海关监管运行机制的实践探索 [J]．海关与经贸研究，33（2）：34-41．

华顿，2013．“放开一线，管住二线”：上海自贸区解析 [J]．上海经济，（8）：18-22．

华峥，2012．中日韩 FTA 的建立与对策研究 [D]．延吉：延边大学．

黄东罡，2015．上海自贸区船舶融资租赁模式和法律问题研究 [D]．上海：华东政法大学．

黄飞，2015．世界经济体系中的上海自由贸易区 [D]．上海：华东政法大学．

黄蕊，2014．美国扩张性货币与财政政策对中国通货膨胀的影响 [D]．长春：吉林大学．

黄书进，2015．从“四个全面”战略布局到“五大发展理念”[J]．特区实践与理论，（6）：25-29．

黄有光，张定胜，2008．高级微观经济学 [M]．上海：格致出版社．

贾静，2013．区域金融功能区与区域经济发展研究［D］．太原：山西财经大学．
姜波克，2008．国际金融新编［M］．上海：复旦大学出版社．
姜波克，傅浩，钱钢，1999．开放经济下的政策搭配［M］．上海：复旦大学出版社．
姜睿，2015．“十三五”上海参与“一带一路”建设的定位与机制设计［J］．上海经济研究，（1）：25-28，81-88．
兰天，2011．北美自由贸易区经济效应研究［D］．长春：吉林大学．
冷昕，2014．“金砖五国”信息产业国际竞争力比较研究［D］．长春：吉林大学．
李斌，2001．中国货币政策有效性的实证研究［J］．金融研究，（7）：11-19．
李春来，2012．自由贸易区相关税收优惠政策借鉴研究［D］．成都：西南财经大学．
李国洋，2005．浅析全球三大最主要自由贸易区［J］．北方经贸，（11）：57-59．
李国洋，2015．浅析全球三大最主要自由贸易区［J］．北方经贸，（11）：12-15．
李怀定，2007．人民币均衡汇率与汇率变动的宏观经济效应研究［D］．上海：复旦大学．
李萌萌，2015．基于IO-SDA模型对福建省外贸隐含碳的测算与效应分解分析［D］．南京：南京信息工程大学．
李梦泽，2015．新加坡港的产业发展对中国自贸区的启示［D］．北京：北京外国语大学．
李友华，2006．境外自由贸易区与中国保税区比较研究［M］．长春：吉林大学出版社．
厉力，段景辉，2015．中国-东盟自由贸易区优惠关税利用率研究［J］．海关与经贸研究，36（4）：81-99．
林伯强，李爱军，2012．碳关税的合理性何在？［J］．经济研究，（11）：18-127．
凌喜新，2008．我国保税区税收优惠政策研究［D］．北京：中国人民大学．
刘斌，2009．物价水平的财政决定理论与实证研究［J］．金融研究，（8）：35-51．
刘斌，黄先开，潘红宇，2001．货币政策与宏观经济定量研究［M］．北京：科学出版社．
刘崇献，王茜，2014．上海自贸区的内涵、定位及其前景探讨［J］．中国商论，（18）：167-169．
刘美乐，2014．上海自贸区设立对上海航运业发展的影响研究［D］．大连：大连海事大学．
刘兆琼，2013．深化改革开放背景下重庆保税港区向自由贸易区转化的制度探索［D］．重庆：西南大学．
鲁旭，2014．国际碳关税理论机制与中国低碳经济发展［D］．北京：中共中央党校．
陆夏，2015．世界自由贸易园区的发展历程、功能评价与启示［J］．海派经学，（2）：134-145．
罗琮，2015．中国（上海）自由贸易试验区负面清单管理模式研究［J］．河北经贸大学学报，（5）：25-26．
罗永乐，2009．金融危机下中国经济内外均衡的调控思路［J］．江苏商论，（10）：137-139．
罗苑婷，2014．税收政策对上海自由贸易试验区竞争力的影响［D］．上海：复旦大学．
马超，2014．上海自贸区所涉税收政策的分析与思考［D］．北京：中国财政科学研究院．
马进宝，2014．中国（上海）自由贸易试验区“负面清单”管理模式研究［D］．天津：天津师范大学．
马克思，恩格斯，1995．马克思恩格斯选集（第1卷）［M］．中共中央马克思恩格斯列宁斯大林著作编译局，译．北京：人民出版社．
马连良，2013．中国稀土出口配额和关税制度的调整策略：以目前的稀土案为背景［J］．科学与管理，（6）：76-78．
聂美元，2014．论上海自由贸易区的法制创举［D］．桂林：广西师范大学．
秦宗煌，2015．上海自贸区的设立对我国国际贸易的影响［J］．湖南科技学院学报，（2）：130-131．
任勤顺，2016．增强践行“五大发展”理念的坚定性［J］．前进论坛，（2）：24-26．
沈铭辉，2012．跨太平洋伙伴关系协议（TPP）的成本收益分析：中国的视角［J］．当代亚太，（1）：5-34．
盛大昕，2004．对中国反避税立法现状和存在问题的分析与思考［D］．长春：吉林大学．
盛水源，1997．信息技术协定的内容、影响及对策［J］．世界机电经贸信息，（14）12-13．
石冬明，2016．IEA与中国的合作如何深入？［J］．能源，（4）：58-61．
宋鸿羽，2005．论我国财务公司金融功能与金融创新［D］．成都：西南财经大学．
宋旭晨，2014．上海自贸区金融自由化模式研究［D］．大连：大连海事大学．
宋玉华，李泽祥，2007．麦克勒姆规则有效性在中国的实证研究［J］．金融研究，（5）：52-64．
孙浩，2015．上海自贸试验区海关监管服务改革的创新发展探究［J］．上海经济研究，（12）：79-86．
孙辉，2012．区域经济协调发展视角下的差异化货币政策研究［D］．长春：东北师范大学．
孙馨，2014．“双主任制”厦门柔性引才的革新样本［J］．中国卫生人才，（2）：24-26．
谭锋，2014．上海自由贸易区建设对人民币资本项目开放进程的推动作用［D］．长春：吉林大学．
汤贡亮，2012．税收理论与政策 ［M］．北京：经济科学出版社．
唐海燕，2002．中国对外贸易概论［M］．上海：立信会计出版社．
田波，2007．我国企业集团财务公司金融功能研究［D］．成都：西南财经大学．
王冠凤，郭羽诞，2014．上海自贸区贸易便利化和贸易自由化研究［J］．现代经济探讨，（2）：28-32．

王冠凤，郭羽诞，2014．上海自贸区贸易便利化和贸易自由化研究 [J]．现代经济探讨，(2)：77-79.
王海涛，2011．青岛保税港区的发展和管理体制研究 [D]．青岛：中国海洋大学.
王景武，2005．宏观调控中的财政货币政策搭配 [J]．金融理论与实践，(9)：6-8.
王琳，2015．全球自贸区发展新态势下中国自贸区的推进战略 [J]．上海对外经贸大学学报，(1)：44-46.
王鹏，2005．从金融功能观点看我国商业银行的发展战略 [D]．天津：天津财经大学.
王仁荣，2012．跨国公司跨境并购法律问题研究 [D]．上海：复旦大学.
王伟建，夏燕红，2008．从缉私角度看海关监管风险所在 [J]．海关与经贸研究，(1)：40-43.
王相东，2012．中国-东盟零关税对海南农业的影响与对策研究 [D]．海口：海南大学.
王小腾，2015．促进云南外贸增长的物流效率关键影响因素研究 [D]．昆明：昆明理工大学.
王孝松，张国旺，周爱农，2014．上海自贸区的运行基础、比较分析与发展前景 [J]．经济与管理研究，(7)：52-64.
王怡，2008．长江三角洲金融功能与经济增长研究 [D]．南京：南京航空航天大学.
吴超，秦亚丽，2011．后危机时期财政货币政策协调的理论与实践思考 [J]．金融理论与实践，(6)：37-40.
吴金友，2011．中国货币政策理论有效性的实证分析 [J]．浙江金融，(9)：16-20.
吴军，董志伟，徐竟，2011．有效需求不足背景下的潜在通货膨胀压力：基于货币结构分析视角 [J]．金融研究，(7)：32-42.
吴立军，曾繁华．2012．后危机时代中国经济增长的稳态路径研究：基于四万亿投资冲击下的偏离与均衡分析 [J]．当代财经，(1)：15-24.
武汉市地方税务局课题组，罗涛，2016．我国自由贸易区税收政策研究 [J]．学习与实践，(1)：33-38.
肖冰，陈瑶，2012．跨太平洋伙伴关系协议（TPP）挑战 WTO 现象透视 [J]．南京大学学报（哲学·人文科学·社会科学版），(5)：29-37.
肖力，2012．关于做好直属海关监管工作的思考 [J]．海关与经贸研究，33 (6)：24-27，11-12.
肖鹏，2006．政府鼓励研发的财税政策研究 [M]．北京：中国财政经济出版社
谢平，罗雄，2002．泰勒规则及其在中国货币政策中的检验 [J]．经济研究，(3)：3-12.
熊平安，2011．财政政策在通货膨胀治理中的作用 [J]．财政研究，(5)：7-10.
徐达，2014．我国一般反避税规则研究 [D]．长沙：湖南大学.
徐涵，2012．中美两国汇率政策与关税政策配合研究 [D]．南京：南京工业大学.
许静，2014．上海自由贸易区促进投资的税收政策研究 [D]．成都：西南财经大学.
许庆，2010．零关税政策背景下中国东盟自贸区产品贸易对中国经济影响的模拟分析 [J]．关税政策，(3)：22-24.
许庆，范英，吴方卫，2011．零关税政策背景下中国-东盟自贸区农产品贸易对中国经济影响的模拟分析 [J]．世界经济研究，(11)：81-86.
许子文，2011．财政支出政策与经济增长的实证分析 [D]．北京：首都经济贸易大学.
薛冬，2014．改革开放理论与构建中国（上海）自由贸易试验区关系研究 [D]．石家庄：河北师范大学.
亚当·斯密，2005．国富论 [M]．唐日松，等译．北京：华夏出版社.
闫思，2013．全球的量化宽松货币政策对中国经济的影响 [D]．大连：东北财经大学.
杨嘉懿，李家祥，2016．以“五大发展理念”把握、适应、引领经济发展新常态 [J]．理论月刊，(4)：103-106.
杨建明，2003．我国货币供应量对产出、物价预测能力的实证研究 [J]．南开经济研究，(1)：8-13.
杨茜，冯晓，朱彦元，2008．德国企业在华投资特征研究和基于区位理论的前景展望 [J]．德国研究，23 (4)：47-52.
杨哲，2009．外生冲击下的宏观经济政策协调：基于蒙代尔-弗莱明模型的分析 [J]．当代经济，(8)：6-8.
易纲，范敏，1997．人民币汇率的决定因素及走势分析 [J]．经济研究，(10)：26-35.
应红枫，2002．全国首家海关监管网络系统发挥良好作用 [J]．中国港口，(9)：47.
于津平，2012．国际贸易新格局与全球贸易治理 [J]．南开学报（哲学社会科学版），(1)：70-76.
余振，陈继勇，邱珊，2014．中国-俄罗斯 FTA 的贸易、关税及福利效应：基于 WITS-SMART 的模拟分析 [J]．华东经济管理，(6)：63-69.
袁立，2005．金融功能观点与我国商业银行的发展战略 [D]．大连：东北财经大学.
臧志彭，2015．法治政府、服务型政府建设与上海自贸区制度创新感知效能 [J]．经济体制改革，(3)：27-37.
张函，邓学龙，2012．财政政策动态效应与价格水平的财政决定理论检验 [J]．华中农业大学学报（社会科学版），(1)：76-81.
张涵，2013．实质课税原则在反避税一般条款中的运用 [D]．西安：西北大学.
张乐，2015．甘肃省物流业发展对外贸的影响研究 [D]．兰州：兰州财经大学.
张丽丽，彭国富，2011．中国货币供给与经济增长关系的实证研究 [J]．经济与管理，25 (6)：20-23.
张苓，2013．中国-东盟自由贸易区的税收竞争与协调研究 [D]．济南：山东大学.

张如一，2010．保税区向自由贸易区转型中的法律问题研究［D］．重庆：西南政法大学．

张绍敏，2013．区域金融功能区竞争力研究［D］．太原：山西财经大学．

张曙光，2005．人民币汇率问题：升值及其成本—收益分析［J］．经济研究，(5)：17-30．

张顺明，余军，2009．内部货币与我国最优关税政策研究［J］．经济研究，(2)：18-31．

张欣，2015．上海自由贸易试验区的特点及发展对策分析［D］．成都：四川师范大学．

张延，2010．扩张性财政政策的中长期后果：通货膨胀：凯恩斯主义模型对1992～2009年中国数据的检验［J］．经济学动态，(1)：43-47．

章和杰，陈威吏，2007．“三缺口模型”下的内外均衡政策搭配文献综述：基于篮子货币汇率制度［J］．统计研究，24(12)：22-28．

郑铁桥，2012．论美国1789年关税法制定的原因和影响［D］．武汉：武汉大学．

郑重，2015．宁波保税区管委会企业服务流程优化研究［D］．宁波：宁波大学．

周汉民，2015．我国四大自贸区的共性分析、战略定位和政策建议［J］．国际商务研究，(4) 36-46．

周珺，2014．南京市外贸公共服务体系建设的研究［D］．南京：南京大学．

周源，2011．宏观审慎政策与货币政策目标协调研究［J］．浙江金融，(8)：28-30．

邹嘉龄，等，2015．中国与“一带一路”沿线国家贸易格局及其经济贡献［J］．地理科学进展，34(5)：598-605．

ASCHAUER D A, 1989. Is government spending productive [J]. Journal of monetary economics, 23 (2): 177-200.

AZARIADIS, COSTAS, DRAZEN A, 1990. Threshold externalities in economic development [J]. Quarterly journal of economics, 105 (5): 501-526.

BATOR F M, 1958. The anatomy of market failure [J]. Quarterly journal of economics, (8): 351-379.

BOUGHESA S P, MAMUNEAS T, 2000. Infrastructure, specialization, and economic growth [J]. Canadian journal of economics, 33 (2): 506-522.

DUGGAL V G, SALTZMAN C, KLEIN L, 1999. Infra-structure and productivity: a nonlinear approach[J]. Journal of econometrics, 92 (1): 47-74.

DUNNING, 1992. Multinational enterprises and the global economy [M]. Boston: Unwin Hyman.

EASTERLY W, REBELOS, 1993. Fiscal policy and economic growth: an empirical investigation [J]. Journal of monetary economics, 32 (3): 417-458.

FRIEDMAN, M, SCHWARTZ A, 1963. Money and business cycle [J]. Review of economics and statistics, 45 (1): 32-64.

HAFER, R W, KUTAN A M, 1994. Economic reforms and long-run money demand in China: implications for monetary policy [J]. Southern economic journal, 60 (4): 936-945.

HOLTZ-EAKIN D, 1994. Public-sector capital and the productivity puzzle [J]. Review of economics and statistics, 76 (1): 12-21.

JOHNSON H G, 1953. Recent developments in british monetary policy [J]. American economic review, 43 (2):19-26.

RONG-HER C, et al., 2011. An evaluation of free trade port zone in Taiwan [J]. The Asian journal of shippingand logistics, 27 (3): 423-445.

SHIOJIE, 2001. Public capital and economic growth: a convergence approach [J]. Journal of economic growth, 6 (3): 205-227.

SUNG-HOON L, 2008. How investment promotion affects attracting foreign direct investment: analytical argument and empirical analyses [J]. International business review, 17 (1): 39-53.

TOBIN J, 1970. Money and income: post hoc forgo proper hoc [J]. The quarterly journal of economics, 84 (2): 301-317.